LA
DÉMOCRATIE
MODÉRÉE ET PROGRESSIVE.

PAR JARDEL-CHEVALIER,

DE SAINT-DIÉ.

In necessariis unitas,
In dubiis libertas,
In omnibus charitas.

SE TROUVE:

A SAINT-DIÉ, CHEZ L'AUTEUR.

—

1851.

LA

DÉMOCRATIE

MODÉRÉE ET PROGRESSIVE.

NANCY, IMPRIMERIE DE VAGNER,
RUE DU MANÉGE, 5.

LA
DÉMOCRATIE
MODÉRÉE ET PROGRESSIVE.

PAR JARDEL-CHEVALIER,

DE SAINT-DIÉ.

In necessariis unitas,
In dubiis libertas,
In omnibus charitas.

SE TROUVE:

A SAINT-DIÉ, CHEZ L'AUTEUR.
—
1851.

PRÉFACE.

Le double but que je me suis proposé dans cet opuscule, c'est d'abord de combattre les théories pernicieuses et anti-sociales, d'en démontrer toute l'inanité et le danger, et ensuite d'indiquer les seuls et uniques moyens qui sauveront les sociétés européennes, au bord de l'abîme.

Pour cela, il me faudra développer les notions les plus élémentaires de la vérité, de la morale et de la justice, car il est des choses qui ont été répétées cent et cent fois, et que l'on ne saurait trop rappeler à l'esprit du peuple français, si impressionnable et conséquemment si prompt à oublier.

Je sens combien j'ai besoin de l'indulgence de mes lecteurs, que je place dans deux catégories bien distinctes ; les uns religieux, les autres indifférents, ou entièrement dénués d'idées et de notions religieuses ; les premiers, surtout ceux qui me connaissent, trouveront assurément dans ces lignes l'expression sincère des convictions que j'ai puisées dans une éducation chrétienne.

Parmi les seconds, quelques-uns me feront peut-être l'injure de mettre en doute la sincérité de mes opinions, mais à ceux-là, je ne leur reconnais point le droit de porter leurs regards investigateurs dans ma conscience ; ce droit n'appartient qu'à Dieu et à Dieu seul.

Ils verront peut-être aussi un moyen futile de sortir de l'état d'obscurité, où j'ai vécu jusqu'à ce jour, ils seront dans l'erreur : car si je travaille, ce n'est pas pour un motif aussi puéril ; si je travaille, c'est dans l'espoir de rendre quelque service à la société en péril.

Ce petit ouvrage, que j'ai hésité longtemps à publier, à cause de mon insuffisance, n'aurait détruit qu'un seul préjugé, inspiré qu'une bonne pensée ou une bonne action, que je me trouverais récompensé bien au-delà de mon mérite. Livré à de nombreuses occupations entièrement étrangères à l'homme de lettres, tenant d'une main déjà appesantie par les années une plume qui n'a été exercée qu'au style du négoce, n'ayant aucune ambition personnelle à satisfaire, je crois avoir, eu égard à la pureté de mes intentions, quelque droit à la bienveillance de mes concitoyens.

Certaines personnes trouveront sans doute dans ce petit recueil plusieurs lacunes, plusieurs répétitions, ainsi qu'un enchaînement d'idées laissant beaucoup à désirer; mais ces défauts, que l'on rencontre quelquefois dans les auteurs de premier ordre, sont en partie ici le résultat naturel et nécessaire de la manière peu suivie dont l'ouvrage a été composé.

Celui qui conçoit une bonne pensée est sans nul doute utile, mais celui qui la propage est encore plus utile.

Les principes et les doctrines que je livre à la publicité, ainsi qu'à la critique de tous, seront de nature à satisfaire la plupart des hommes d'ordre et de liberté, mais ne plairont point à ceux qui sont résolus à l'avance de dénigrer systématiquement tout ce qui peut venir de certaines sources.

Je n'ai assurément pas la prétention de mettre sous les yeux de mes lecteurs un cadre complet d'économie politique, ni d'économie sociale; car, pour accomplir une tâche aussi grande, aussi relevée, je confesse toute mon incapacité; cependant, bien que ces questions aient été traitées par nos écrivains les plus éminents, j'ai cru

qu'il ne serait pas inutile de formuler ainsi mes idées dans ces lignes que j'offre au public, avec la confiance qu'inspirent toujours de bonnes intentions.

Nous pouvons combattre un homme dont les principes nous paraissent erronés, parce qu'ils ne sont pas en harmonie avec les nôtres, mais nous n'avons que du mépris pour celui qui, dans la crainte de se compromettre, n'ose manifester ses opinions à la face du soleil, et attend les événements pour passer du rouge au blanc, et du blanc au rouge.

Si je tombe dans quelques erreurs, car l'homme est faillible, que l'Église, que la voix publique me reprennent, ce sont mes juges après Dieu.

Ouvrier humble et obscur, à qui la foi tiendra lieu de génie, je me mets à l'œuvre.

LA DÉMOCRATIE

MODÉRÉE ET PROGRESSIVE.

CHAPITRE PREMIER.

GLORIEUSE MISSION DE LA FRANCE. — COUP-D'ŒIL RÉTROS-
PECTIF SUR LE RÈGNE DE LOUIS XIV — DU RÉGENT — DE
LOUIS XV. — ANCIENNE SPLENDEUR DE LA FRANCE. —
SA DÉCADENCE.

Si la France a une mission sainte, providentielle,
c'est assurément celle d'être non seulement la première
nation du monde, comme foyer des lumières et de la civilisation, mais la première des nations chrétiennes,
le bras droit de la chrétienté, comme Rome en est la
tête; mission sublime, puisqu'elle vient de Dieu; mission
démontrée d'une manière évidente, et pour ainsi dire
d'une manière mathématique, par tous les grands événements consignés dans les annales de notre histoire;
mission qui a fait rayonner nos gloires d'un plus vif
éclat; mission qui a inspiré nos immortels génies, em-

belli et couronné les plus augustes figures de notre histoire ; mission qui se manifeste dans nos monuments et
dans notre littérature et jusqu'au fond de notre vieille
politique nationale ; mission qui fait briller sur ce grand
nom de France un reflet mystérieux.

Telle qu'un phare civilisateur, la France a éclairé
l'Europe en la dominant par ses idées. C'est que son sol,
fécond en grands hommes, a produit des illustrations
dans tous les genres et dans tous les rangs : saint Louis,
l'ami des pauvres ; Louis XII, surnommé le père du peuple ; saint Vincent de Paul, le bienfaiteur de l'humanité ;
Louis XIV, dit le grand roi ; des capitaines fameux, Du-
guesclin, Bayard, Turenne, Condé, Créqui, Luxem-
bourg, Catinat, Vendôme, Villars ; des marins célèbres,
Duquesne, Tourville, Duguay-Trouin, Jean-Bart ; des
peintres, des sculpteurs, des statuaires, des architectes,
des ingénieurs, des ministres illustres, Le Poussin, Le-
brun, Le Sueur, Puget, Perrault, Girardon, Vauban,
Colbert, Louvois et tant d'autres ; des jurisconsultes pro-
fonds, Molé, Talon, Bignon, Montesquieu, Lamoignon,
Daguesseau ; de grands philosophes, Descartes, Pascal ;
d'éloquents orateurs, Bourdaloue, Fénélon, Bossuet, Mas-
sillon ; des poètes immortels, Corneille, Racine, Molière,
Boileau, Lafontaine. Ces grands hommes étaient comme
autant de brillants satellites de cet astre plus radieux
encore, appelé Louis XIV, lui qui, malgré ses fautes et
ses erreurs, reçut de son peuple le surnom de Grand, que
lui confirma le monde entier, lui qui, seul parmi les
monarques français, a légué son nom à son siècle. Si cet

immortel souverain se présente aux regards de la postérité à la tête de cet éblouissant cortége d'hommes illustres qui ont jeté une auréole de gloire impérissable sur notre patrie, c'est que leurs pensées et leurs actions furent inspirées par le génie du christianisme, dont la majestueuse empreinte éclate encore aujourd'hui dans les nombreux chefs-d'œuvre qu'ils nous ont laissés.

C'est sous ce règne, le plus long et le plus glorieux de la monarchie française, que furent construits, avec une magnificence vraiment royale, le château de Versailles, l'Observatoire, à une extrémité de Paris, et à l'autre extrémité, les Invalides, où quatre mille soldats, mutilés, infirmes, vieillards, reçoivent l'hospitalité de la patrie reconnaissante.

De nouvelles académies répandirent des lumières sur toute l'étendue du territoire; le prince avait encouragé, protégé, gratifié, honoré les lettres, les sciences, les arts, le commerce, l'agriculture; les lois avaient été révisées et amendées, les finances rétablies; le canal du Languedoc avait uni l'Océan à la Méditerranée; on avait vu surgir du sol un grand nombre de manufactures qui, en améliorant le sort de la classe indigente, offraient au commerce les éléments d'une prospérité jusqu'alors inconnue. La marine française avait reçu d'immenses développements, puisqu'en 1680 elle comptait 230 bâtiments de guerre; les compagnies des Indes orientales et occidentales avaient été créées et dotées de fonds considérables par le monarque; des établissements avaient été fondés à Cayenne, à Madagascar, et sur plusieurs autres points du globe. La Flandre, la Franche-Comté et l'Alsace étaient réunies à la France; les fêtes splendides, les tournois brillants, que l'on donnait à la cour, y attiraient l'élite des étrangers de toutes les parties du monde. La France, qui était devenue le centre du goût et de l'urbanité, avait atteint son apogée de splendeur, de force et de puissance ; son roi était l'arbitre de l'Europe.

A peine Louis XIV était-il descendu dans la tombe de ses ancêtres que les mœurs, peu respectées à la cour du régent et à celle de Louis XV, dégénérèrent parmi le peuple; une multitude de livres, aussi hostiles à la religion qu'à l'autorité, ne tarda pas à inonder la France entière ; l'on érigea les vrais principes en problèmes ; la philosophie, les théâtres, la poésie, les romans, tout conspira contre le christianisme; l'irréligion, la cupidité, l'orgueil, l'ambition, le sensualisme, l'immoralité, après avoir dégradé et abruti les classes supérieures, pervertirent les classes inférieures, désunirent les familles, propagèrent dans la société les notions et les doctrines les plus monstrueuses et préparèrent de loin le glorieux et immortel martyre du 21 janvier 1793, ainsi que les terribles et hideuses saturnales de la même année, dont le récit sera légué à nos derniers neveux avec des lettres de sang, et dont le souvenir fait encore frissonner aujourd'hui d'épouvante, de dégoût et d'horreur.

L'histoire est là pour nous dire que, du jour où le scepticisme et le matérialisme eurent desséché le cœur de la nation, on vit disparaître aussitôt ces hautes inspi-

rations, ces élans philanthropiques, ces grandes et généreuses pensées qui font l'honneur et la félicité des peuples. Il ne nous resta plus que ces calculs froids,
égoïstes, matériels, qui précipitèrent notre belle France,
du rang supérieur qu'elle occupait, à l'intérieur comme
à l'extérieur, dans l'ornière fatale où comme un pâle moribond, elle se traîne encore aujourd'hui dans les étrein-
tes de la mort. La vie des particuliers en subissant cette
décadence morale devint égoïste, matérielle, indifférente
aux misères humaines, c'était là un résultat logique et
nécessaire; dès que ma pensée ne découvre rien au-delà
des six pieds de terre qui couvriront les quatre planches
de mon cercueil, pourquoi voulez-vous que mon cœur
fasse une guerre éternelle aux mauvais penchants de ma
nature? Pourquoi voulez-vous m'empêcher d'être conséquent avec mes principes, moi dont la devise est : Acquérir, jouir ici-bas; après la mort, tout est mort?
Pourquoi, moralistes importuns, venez-vous me parler
d'une destinée au-delà du tombeau? Laissez-moi, sans
sollicitude pour mes frères, sans soucis d'une vie future,
me salir au contact des choses terrestres; arrière... arrière...

C'est ainsi que chez nous la vie publique et la vie
privée s'éteignirent dans l'abrutissante déification de la
matière; c'est ainsi que la France fut assez coupable
pour laisser tomber la croix du Christ et ramasser dans
la fange du dix-huitième siècle les ordures sceptiques
des philosophes. Aujourd'hui elle recueille ce qu'elle a
semé, et lorsqu'on a semé le vent, on recueille la tempête.

La soif ardente des honneurs, l'amour immodéré des places lucratives, l'égoïsme, en un mot, est l'une des causes principales de nos trop fréquentes perturbations sociales.

Le métier d'écrivain, de médecin, d'avocat, de journaliste, de magistrat, n'est plus une profession assez relevée pour un grand nombre d'hommes, dont le cœur est dévoré par une insatiable ambition ; ainsi on ne se livre plus à l'étude de la médecine, des lettres, du droit, pour devenir un grand médecin, un illustre écrivain, un célèbre jurisconsulte, un homme utile à son pays ; on foule à ses pieds, comme ignobles, les modestes études, les silencieux travaux du cabinet, pour descendre dans l'arène politique, et y consacrer ses facultés à la défense de miserables coteries. Erostrate d'un genre nouveau, on veut à tout prix se faire un nom, par les opinions les plus paradoxales et les utopies les plus absurdes ; enfin, on est parvenu à se créer une célébrité, factice à la vérité, mais suffisante pour se faire ouvrir les portes de la Chambre, celles des hautes fonctions, des directions générales, des ambassades, des ministères. De là, cette pauvreté d'hommes réellement capables ; il est vrai que nous nous en consolons facilement en disant que le ciel, avare de ses dons, n'accorde que de loin en loin des grands hommes à la terre, et on ne s'aperçoit pas que cette pénurie de capacités et de spécialités est le résultat nécessaire de cette ambition avide d'emplois et de dignités. Tel instituteur, trouvant fermées les portes d'un collége communal, s'en va frapper à celles de l'Assemblée nationale, qu'il se fait ouvrir triomphalement; tel sous-officier, connu par son esprit d'insubordination, reçoit pour prime de son indiscipline militaire les honneurs de la députation. Quel est l'avocat, si obscur qu'il soit au fond de sa province, qui, nommé représentant, ne porte des regards de convoitise sur une place de conseiller, d'avocat général, de procureur général, de président d'une cour nationale, se promettant bien pour atteindre ce but de toujours voter comme le ministère, et cela avec la plus dégradante obséquiosité? Quel est le magistrat qui, en escaladant les banquettes de la Chambre, ne se berce *in petto* de la douce pensée d'échanger son manteau d'hermine contre le maroquin rouge de grand chancelier de France? Aujourd'hui, avec notre éducation coulée dans un moule uniforme, nous détruisons souvent jusque dans sa racine le germe des spécialités; nous ne comprenons pas les immenses avantages que la société peut retirer de l'enseignement professionnel, dans nos établissements d'instruction publique.

La jeunesse destinée aux carrières agricoles, commerciales, industrielles ne ferait-elle pas mieux en poursuivant uniquement le but de sa vocation, de se livrer spécialement à l'étude des langues vivantes?

Depuis un demi-siècle, l'université nous façonne des intelligences graduées, brevetées, diplômées; et les capacités n'ont jamais été plus rares dans toutes les carrières; avec notre système actuel, nous faisons des jeunes gens propres à déclamer dans les cafés, et inaptes à remplir une place de quelque importance ; nous faisons des jeunes gens bons à fumer, polker, boire, rire, chanter, blasphémer ; des jeunes gens légers, railleurs, frondeurs, sceptiques, matérialistes, qui n'ont qu'une demi-aptitude pour professer, avocasser, agioter, écrivasser, réquisitionner, juger, légiférer ; et comme la France ne peut donner des emplois à tous les ambitieux, ceux qui s'en trouvent privés font du tapage et de l'opposition systématique, pour renverser ceux qui en sont pourvus. Cependant l'intérêt personnel, la perspective brillante des places, des honneurs, ne doivent jamais être aux yeux d'un bon citoyen, des raisons légitimes, pour faire la guerre au gouvernement, et pour offrir le pouvoir en holocauste au minotaure révolutionnaire. Quel contraste frappant entre ces hommes, qui sont sans cesse tourmentés par le génie du mal et les délires de l'ambition, et les guerriers de Léonidas qui, avant de mourir, écrivaient avec la pointe de leurs épées, sur les rochers des thermopyles : passant va dire à Sparte que nous sommes morts ici, pour la défense de la patrie et de ses saintes lois.

Sous Louis-Philippe, ces hommes demandaient la réforme à cor et à cri ; quelques-uns de ces opposants les plus fougueux finirent par s'accrocher au pouvoir, et par devenir soudain doux comme des agneaux, et conservateurs des plus renforcés. Nous voici en pleine république, et vous les entendez hurler : *Vive la sociale !* serions-nous demain gratifiés de la sociale, qu'ils n'en vociféreraient pas moins contre l'ordre de choses établi, puisque chez ces hommes ce n'est point affaire d'opinion, mais affaire d'ambition. La gracieuse Victoria les ferait pairs aujourd'hui, que demain il ne se trouverait pas dans Albion de gens plus aristocrates. Sa Hautesse l'empereur des Turcs les nommerait visirs, qu'incontinent ils se feraient musulmans des plus zélés. Le Saint-Père les ferait ministres, qu'il ne se trouverait pas dans le monde entier de catholiques plus fervents; voilà les errements que l'on suit, errements aussi profondément immoraux que souverainement dangereux et qui finiront par conduire, tôt ou tard, la nation à de terribles catastrophes.

Et vous, apôtres de la démagogie, devons-nous vous passer sous silence? vous qui cachez votre ambition personnelle derrière ce masque fastueusement intitulé : *L'amour du peuple.* Vous, égoïstes, qui venez vous targuer du beau titre d'ami du peuple, non point pour diminuer sa misère, mais pour rétablir votre fortune perdue, ou augmenter votre bien-être; vous, intriguants de tous les étages, trop connus par vos doctrines subversives et vos monstrueuses hérésies sociales; vous écrivains, publicistes, philosophâtres, qui vous êtes acquis une triste renommée par vos feuilletons immoraux, vos journaux incendiaires, vos écrits immondes; où la famille n'est qu'une prostitution, la propriété un vol, la divinité une blasphématoire négation de tous les attributs divins ; vous qui prônez le doute et l'indifférence religieuse, vous qui dénigrez les pieuses traditions, qui détruisez autant qu'il est en vous tout le respect que l'on doit à la religion du Christ; vous qui jetez le ridicule à pleines mains sur tout ce qu'il y a de plus respectable, de plus grand, de plus sacré chez toutes les nations. Croyez-vous donc opérer la moralisation et la régénération du peuple par de tels moyens?

« Ils en feront tant, disait Duclos en parlant des philosophes de son temps, qu'ils me feront aller à la messe : » ne pourrions-nous pas tenir le même langage au sujet des rêveurs et démolisseurs actuels, tant leurs systèmes sociaux sont peu en harmonie avec la nature et les instincts du cœur humain, et conséquemment irréalisables dans la société ?

Vous, fameux organisateurs du travail, qui n'organisez que la paresse avec son hideux cortége de vices et de passions qu'elle enfante, il n'est donc que trop vrai que vous avez secoué sur la tête du peuple les torches infernales de la guerre civile; il n'est donc que trop vrai que c'était avec des cadavres français que vous vouliez construire le marche-pied qui devait vous élever au pouvoir; il n'est donc que trop vrai que c'était avec le sang le plus pur de vos frères que vous vouliez cimenter votre dictature? Vous, dont le front sera éternellement marqué des stigmates de l'infamie; vous qui, courbés sous la honte de vos attentats, maudits dans le présent, maudits dans l'avenir, voués aux gémonies de l'histoire, irez à tout jamais augmenter le nombre des traîtres de tous les siècles; tartufes politiques, patriarches de l'incrédulité, laissez donc sa foi à ce peuple de France, lui qui a besoin de croire; laissez le travailleur

respecter ce qui a fait l'objet de son culte aux jours de
son enfance, laissez-le honorer, vénérer, adorer, ce que
sa vieille mère lui a appris à honorer, à vénérer, à
adorer; le peuple, le pauvre peuple, qui n'est point l'objet
de vos préoccupations, et qui sans travail manque de
vêtements pour se couvrir, de pain pour se nourrir, de
feu pour se chauffer, de mansarde pour s'abriter, de
médicaments pour se guérir, n'a-t-il donc pas été assez
longtemps en proie aux angoisses de la misère? de grâce.
laissez donc au peuple la foi qui donne la résignation,
et l'espérance qui anime, vivifie et soutient.

Pour nous, qui aimons le peuple d'un amour plus
sincère et plus éclairé, nous ne voulons point l'induire
en erreur en lui infligeant le supplice de Tantale, et
en lui promettant l'avénement de l'âge d'or, une vie
confortable sans travail, un bien-être hyperbolique,
la propriété universalisée et toutes ces rêveries plus ou
moins creuses qui n'existeront jamais que dans l'ima-
gination malade de nos trop fameux novateurs. C'était
en vain que le moraliste, le vrai philosophe, jetant les
regards sur l'horizon, y avait vu poindre la tempête
qui recélait tant de maux ; c'était en vain qu'il prédi-
sait à nos épicuriens, à nos sybarites, les dangers qui
étaient prêts à fondre sur la société; traité de sinistre
Cassandre, d'obscurantiste et de retardataire, il n'était,
pour ces habiles du monde, qu'un homme à peine digne
de leur pitié.

L'empoisonnement de Lafarge, l'assassinat de la duchesse de Praslin, le fameux procès Teste, Cubières,

Pellapra et Parmentier, tout ce honteux tripotage, toutes ces concessions criminelles, tous ces emplois inaliénables vendus au poids de l'or, ce système de corruption répandu sur toute la surface de la France, comme un vaste réseau qui enlaçait corrupteurs et corrompus; une littérature plus dangereuse encore que la philosophie du XVIIIe siècle, flattant et surexcitant les plus vils instincts du cœur humain; le Juif-Errant, les ouvrages des Fourrier, des Louis Blanc, des Proudhon et compagnie, lus et relus dans les salons dorés, sous l'humble chaume du villageois, dans l'étroite mansarde de l'ouvrier; un gouvernement plus occupé à se créer une majorité parlementaire que soucieux des intérêts des travailleurs, et qui, loin d'opposer une digue salutaire au torrent dévastateur, n'avait, pour les auteurs ou les complices de ces turpitudes, que des honneurs, des dignités, des décorations et des emplois lucratifs; tous ces éléments d'immoralité, de décadence, de dissolution qui s'étaient en quelque sorte infiltrés dans tous les rangs de la hiérarchie sociale, depuis les classes les plus élevées jusqu'aux conditions les plus infimes, tous ces symptômes, qui mettaient à nu la plaie profonde qu'une société gangrenée portait dans son sein, plaie qui devait bientôt la conduire à une crise terrible, tout cela présageait assez les maux, les catastrophes qui nous menaçaient.

Nous trouvons encore une preuve aussi affligeante que péremptoire de la démoralisation actuelle, dans l'épouvantable multiplicité des suicides, ainsi que dans l'augmentation des attentats commis contre les personnes. « Nous avons vu paraître devant les cours d'assises des jeunes gens au-dessous de 18 ans, accusés d'avoir exercé de mauvais traitements contre leurs parents ; nous les avons vus, dit la *Gazette des Tribunaux*, assister calmes, impassibles, à ces débats, qui déchiraient l'âme, excitaient la compassion pour les victimes, l'indignation pour ces êtres dénaturés qui n'ont d'humain que la figure, émouvaient l'auditoire jusqu'aux larmes. »

La philosophie du XVIIIe siècle a tout matérialisé ; pourquoi l'homme malheureux, privé de foi, conséquemment de consolations religieuses et d'espérances dans une autre vie, ne se livrerait-il pas au désespoir et à la mort ? Vous lui avez tant de fois prêché qu'il n'était ici-bas que pour jouir des douceurs et des charmes de la vie, qu'il a fini par ajouter foi à vos paroles. Autrefois le peuple, qui n'avait point sucé le lait de vos doctrines impies et anti-sociales, ne se suicidait point : cependant il n'était pas plus heureux qu'aujourd'hui ; au contraire, l'histoire de tous les siècles nous apprend que la condition du peuple est sensiblement améliorée ; ce fait ne sera révoqué en doute que par la mauvaise foi ou l'ignorance.

Hommes d'Etat, philosophes, politiques, économistes, socialistes de toutes les écoles, de toutes les sectes, de grâce indiquez-nous le remède à opposer à ce hideux cancer qui ronge le sein de la société ; vous ne nous répondez point : eh ! mon Dieu, nous comprenons et votre silence et votre embarras ; suivant vos doctrines, l'homme n'est qu'une brute raisonnable, jetée sur la terre pour y manger, boire, dormir et jouir; mais comme cet Eldorado que vous lui avez promis lui échappe comme une ombre pendant son sommeil, et que la somme des jouissances qu'il possède n'est point en harmonie avec ses désirs, que tout ici-bas laisse toujours dans le cœur de l'homme un vide immense, il se fatigue d'attendre, il doute, il chancelle, il désespère, il succombe, en demandant au néant ce que les hommes lui ont refusé, un terme à ses maux physiques et à ses angoisses morales.

N'avons-nous pas vu un journal de la Montagne, faire honteusement l'apologie du meurtre de Louis XVI? N'avons-nous pas vu tout récemment un historien socialiste faire l'éloge du 2 septembre, et du massacre des prisons? N'avons-nous pas vu en plein conseil de guerre, quatre assassins du brave général Bréa et du capitaine Mangin justifier cet acte sauvage, digne des plus féroces cannibales? D'une part, plus de Dieu, plus de famille, plus de propriété; de l'autre, l'assassinat, le massacre, justifiés. — La *Voix du Peuple*, journal de Marseille, en cela d'accord avec un grand nombre de ses confrères de la capitale, publiait dans un de ses numéros de 1848, les lignes suivantes :

« Si le titre de grand homme n'est décerné qu'aux bienfaiteurs du genre humain, qu'aux hommes qui ont travaillé à l'amélioration du sort de leurs semblables, qui ont prêché l'égalité et la fraternité, qui ont fait germer dans le cœur des hommes ce principe sublime de ne point faire à autrui ce qu'on ne voudrait pas qu'on nous fît à nous-mêmes, c'est à Jésus, c'est à Robespierre qu'il doit être décerné. Le plus grand homme des temps anciens, c'est Jésus ; le plus grand homme des temps modernes, c'est Robespierre. »

Ainsi, voilà le nom adorable de Jésus-Christ accolé à celui du farouche guillotineur de 93. C'est là le langage d'un journal intitulé la *Voix du Peuple;* c'est là le langage qui se tient dans certains clubs ayant l'impudence de se dire investis de la mission d'instruire le peuple et de défendre ses droits. Ah! le peuple, le véritable peuple est loin de penser comme vous, blasphémateurs déhontés, qui voudriez assimiler l'opinion des masses aux caprices et aux vœux de votre cœur corrompu. Depuis bien des siècles, le peuple s'est incliné avec vénération devant le Christ, son Sauveur, son Dieu, tandis que le nom du sanguinaire et sauvage Robespierre, ainsi que celui de ses acolytes, sera voué aux gémonies de l'histoire et aux exécrations de la postérité la plus reculée. Les honnêtes gens de tous les partis sentiront-ils enfin le besoin de déposer leurs vieilles querelles, pour se donner le baiser de la réconciliation? Comprendront-ils enfin que le jour est arrivé d'agir de concert, pour faire rentrer dans l'impuissance, des hommes qui, menteurs et traîtres à leur devise de fraternité, font le panégyrique du crime et de ses plus sanglantes saturnales?

Si, à toutes ces preuves de dégradation, d'immoralité, de dissolution, tirées de l'ordre moral, nous ajoutons les preuves, peut-être plus concluantes encore, extraites de l'ordre physique, nous pensons que la vérité de notre thèse, la décadence de notre patrie, sera clairement démontrée aux yeux de nos lecteurs ; ces preuves, nous les empruntons à l'ouvrage de M. Raudot, représentant du peuple.

« Pour savoir, dit cet auteur consciencieux, si une nation est en progrès ou en décadence, il ne faut pas se borner à l'examiner seule, mais on doit la comparer avec les autres peuples de l'univers, et surtout avec ses voisins.

Qui reste immobile quand son voisin marche, qui fait deux pas lorsqu'il en fait trois, passera bientôt du premier au second rang.

Si l'Autriche, si la Russie, si la race grecque n'avaient pas grandi, les Turcs, même en restant stationnaires, seraient encore une très-grande nation.

Le peuple espagnol est aussi nombreux, aussi brave que du temps de Charles-Quint ; si la France, l'Angleterre et le reste de l'Europe étaient restés ce qu'ils étaient au XVe siècle, la nation espagnole serait encore au premier rang.

La Hollande est aussi peuplée, aussi riche qu'à l'époque de Louis XIV, lorsqu'elle pesait d'un si grand poids dans les affaires de l'Europe ; la Suède a une armée aussi belle et aussi courageuse que celle de Gustave-Adolphe, mais l'augmentation de la richesse et du commerce en Angleterre, en France et dans tous les Etats maritimes, l'accroissement continu des grands empires, ont rejeté la Hollande et la Suède dans un rang infé-

rieur. La puissance d'un peuple est toujours relative ;
sa grandeur doit être mesurée à celle de ses voisins.
Cette vérité étant bien reconnue, examinons la France.

—

TERRITOIRE.

La France de Napoléon a tenu un moment plus de la
moitié de l'Europe sous sa loi ; mais la fortune des armes
a détruit ce qu'elle avait édifié. Le territoire européen de
la France est à peu près ce qu'il était en 1789 ; le fleuve
débordé est rentré dans son lit. Nous avons gagné le
comtat Venaissin, Montbéliard et Mulhouse ; mais nous
avons perdu : Landau, Philippeville, Mariembourg,
Bouillon, Sarrelouis, et hors de l'Europe, Sainte-Lucie,
Tabago, l'Ile de France, et la magnifique colonie de
Saint-Domingue.

Les autres grandes puissances de l'Europe sont-elles
restées, comme nous, à peu près dans les mêmes limites ?

Depuis 1789.

La Pologne a fini par disparaître de la carte de l'Europe, en 1794 ; un pays plus vaste que la France et son
allié a servi à l'agrandissement des rivaux de la France :
le grand-duché de Posen, la Poméranie suédoise, l'ile
de Rughen, une grande partie de la Saxe, plusieurs
provinces sur les deux rives du Rhin, ont presque dou-
blé le territoire de la Prusse. L'Autriche a perdu la Belgique qui, séparée complètement du reste de l'Empire,

était plutôt un embarras, un empêchement, qu'une
force réelle, mais elle a gagné sa part de Pologne, Salz-
bourg, Raguse, et toutes les possessions vénitiennes,
moins les îles Ioniennes, c'est-à-dire un territoire plus
étendu que la Belgique faisant corps avec ses anciennes
provinces, et un magnifique débouché sur la mer, des
ports et des matelots. La politique et la victoire ont
donné à la Russie, la Courlande, la Bessarabie, la Fin-
lande, ainsi que les provinces situées près du Caucase,
l'Abassie, la Mingrelie, la Géorgie, Schirwan, Erivan
et le Dagesthan; le protectorat de la Moldavie et de la
Valachie, prélude de nouvelles conquêtes, et enfin la
part du lion dans le partage de la Pologne. A ses colonies de l'Amérique septentrionale, des Antilles, de la
Guyane et de Sierra-Leone, à ses forts de Gibraltar
et de Sainte-Hélène, l'Angleterre a su ajouter la baie de
Honduras, Démérary et Esséquibo, Sainte-Lucie, Tabago, le cap de Bonne-Espérance, l'île de France, Ro-
drigues, les Séchelles, Ceylan et Sinchapore, rival de
Batavia; Malte et les îles Ioniennes, qui commandent la
Méditerranée; Helgoland, qui domine l'embouchure de
l'Elbe; Aden, clef de la mer Rouge et station de la route
des Indes; l'île de Lebouan, qui surveille les passages de
la mer de la Chine, et Hong-Kong, première conquête
sur l'empire chinois. L'Angleterre a posé dans l'Océa-
nie les fondements déjà imposants d'un nouvel empire;
elle a triplé le territoire de son merveilleux domaine
des Indes, aussi grand que la moitié de l'Europe, et
qui renferme 130 millions de sujets.

En présence de ses rivaux agrandis, que devient la France, resserrée dans ses limites de 1789, privée de ses plus riches colonies? — Cependant la France a fait la conquête de l'Algérie, qui lui donne deux cents lieues de côtes sur la Méditerranée, à deux jours de distance de Marseille et de Toulon, et un pays presque aussi grand que l'Italie. Mais, depuis vingt ans, l'Algérie n'a été pour la France qu'une cause de dépenses énormes; la colonisation est à peu près nulle; l'armée mourrait de faim, si une flotte ennemie supérieure interceptait les convois nécessaires à son existence; l'Algérie n'est pas un accroissement, mais une déperdition de forces.

On a su vaincre, on n'a pas su utiliser la victoire, et on ne le saura pas; il est encore vrai que, depuis la révolution française de 1848, la Prusse, et surtout l'empire d'Autriche, ont paru en dissolution complète; la haute Italie échappera peut-être aux serres de l'aigle autrichien, et les différentes races semblent vouloir se séparer violemment. Je ne sais pas l'avenir; mais si de la dissolution de ces deux grands royaumes doit sortir l'unité de l'Allemagne, la puissance relative de la France sera encore bien plus faible. Un Etat compact, plus grand que la France d'un cinquième, et peuplé de 40 millions d'Allemands, rejetterait la France au second rang, et pourrait, en s'alliant avec l'Angleterre, causer sa ruine complète.

—

POPULATION.

Le premier élément de la puissance d'un peuple, ce sont les hommes. Quelle était la population de tous les grands Etats de l'Europe en 1789, à la fin des grandes guerres en 1815, et au commencement de 1849?

	En 1789.	En 1816.	En 1848.
La France avait.	30,000,000	30,000,000	35,700,000
La Russie......	33,000,000	50,000,000	70,000,000
L'Autriche.....	28,000,000	29,000,000	39,000,000
L'Angleterre....	14,000,000	19,500,000	29,000,000
La Prusse......	6,500,000	10,000,000	16,500,000

La France, inférieure d'un dixième à la Russie en 1789, est dépassée de plus d'un tiers en 1816, et presque du double en 1848.

Un peu supérieure à l'Autriche en 1789 et 1816, elle est moindre d'un dixième en 1848. La France, plus que double de l'Angleterre en 1789, n'a plus qu'une supériorité d'un tiers en 1816, et de moins d'un cinquième en 1848.

Quatre fois et demie plus forte que la Prusse en 1789, la France n'a plus que trois fois autant d'hommes en 1816, et un peu plus du double en 1848.

Les nations rivales augmentent donc beaucoup plus que la nation française...

Dans tous les cas, le premier élément de la puissance, c'est la population, et sur ce point capital, la force relative de la France ayant diminué dans une proportion énorme, plus encore que sa force territoriale relative, la France est en pleine décadence.

En 1815, d'un côté, 30 millions de Français; de l'autre, 108 millions de Russes, Anglais, Autrichiens et Prussiens; en 1849, 35 millions de Français, en présence de 154 millions.

—

ARMÉE. — REMONTE DE LA CAVALERIE.

Quoique l'infanterie soit la force principale des armées, on peut dire néanmoins : point de cavalerie, point d'armée. Sans cavalerie, la victoire ne peut être complète, la défaite est un désastre. Un grand corps de troupes sans cavalerie peut être harcelé, affamé, réduit à l'impuissance et à la ruine par une nombreuse cavalerie ennemie; la science militaire, l'expérience le démontrent; mais, malgré la vaste étendue de son territoire, la France, pays essentiellement agricole, ne produit pas à beaucoup près les chevaux nécessaires à la remonte de sa cavalerie, même en temps de paix. En 1831 et en 1840, sur une crainte passagère de guerre, la France, voulant augmenter ses chevaux de cavalerie, a été obligée d'en acheter à l'étranger une grande partie. Une guerre de quelques années seulement avec l'Angleterre et l'Allemagne, mettrait la France dans l'impossibilité de remonter ses régiments en chevaux convenables, même en frappant de réquisition tous les chevaux de luxe, parce qu'ils sont peu nombreux, achetés eux-mêmes en Allemagne ou en Angleterre, et que ces pays ne nous en vendraient plus. L'Angleterre, la Prusse, l'Autriche et la Russie ont d'excellents chevaux pour la cavalerie qui, bien loin de déchoir ou de diminuer depuis la paix, se sont améliorés et augmentés. La France, au contraire, malgré une paix de trente-cinq ans, troublée seulement par quelques expéditions qui n'ont pu altérer sa prospérité, s'est appauvrie, ou au moins ne s'est pas enrichie en chevaux de selle, indispensables à la force de son armée et à l'indépendance nationale.

LA MARINE.

La Prusse n'a point de marine militaire, et l'Autriche n'en a qu'une très-faible, quoique leurs navires marchands augmentent rapidement. La Russie a des flottes enfermées pour ainsi dire dans des mers sans issue.

Bornons-nous donc à comparer la France avec l'Angleterre.

En 1788, la France avait 81 vaisseaux de ligne et 69 frégates, et l'Angleterre, 118 vaisseaux et 69 frégates.

En 1827, l'Angleterre avait 606 bâtiments de guerre, de toute grandeur, et la France, 279, plus 80 en construction.

L'Angleterre avait donc la supériorité de quatre contre trois à la première époque, et de deux contre un à la seconde. Depuis, la différence est encore plus forte.

Mais, pour connaître la puissance réelle, il faut moins s'arrêter au nombre des vaisseaux de guerre qu'à celui des navires marchands et des matelots. Il n'y a point de véritable marine militaire sans matelots, et point de matelots sans commerce maritime, double vérité incontestable. Une flotte militaire qui n'aurait point pour se recruter une nombreuse population de matelots, pourrait remporter d'abord des avantages momentanés, mais devrait bientôt succomber ou se réfugier honteusement dans le port, accablée par un ennemi qui réparerait facilement ses pertes.... La marine marchande française est au moins stationnaire, en présence des immenses progrès de l'Angleterre; la France ne sera plus, à une époque très-rapprochée, qu'une puissance maritime très-inférieure, commercialement d'abord et militairement ensuite, car point de marine militaire, sans marine marchande. La France est en pleine décadence pour la marine, qui est appelée cependant, plus que jamais, à jouer un rôle capital sur la scène du monde.......

—

TAILLE ET SANTÉ DES HOMMES.

Avant 1789, le minimum de la taille était pour le soldat d'infanterie de ligne, de 5 pieds 1 pouce; pour le soldat de la cavalerie, de 5 pieds 3 pouces; pour le soldat des bataillons provinciaux (la milice), de 5 pieds (article 13 de l'ordonnance du 5 mars 1776 et art. 3, titre IV de l'ordonnance du 1er décembre 1774).

A l'époque de la République et de l'Empire, on finit par prendre tous les hommes valides, même au-dessous de la taille autrefois exigée. Après les grandes guérres, en pleine paix, alors qu'on réduisait l'armée à peu près à ce qu'elle était avant la révolution, la loi du 10 mars 1818 fixa le minimum de la taille à 1 mètre 57 centimètres, c'est-à-dire que le soldat qui, avant 1789, lorsque le service était volontaire, ne devait pas avoir moins de 5 pieds 1 pouce, pouvait, trente années après, n'avoir que 4 pieds 10 pouces à peine (4 pieds 9 pouces, 11 lignes $\frac{975}{1000}$), quoique le service fût obligatoire et qu'on eût à choisir sur la population entière. Avec ce minimum si abaissé, il s'est trouvé dans certaines années plus de 20,000 jeunes gens exemptés pour défaut de taille.....

La loi du 21 mars 1832 réduisit le minimum à 1 mètre 560 millimètres, ce qui, comparativement à la loi de 1818, abaissait ce minimum de 1 centimètre ou de 4 lignes 1/2 environ. La loi de 1848, sur la mobilisation de 300 bataillons de gardes nationales, vient encore, pour ces corps, d'abaisser le minimum de 1 centimètre ; ces réductions ne sont pas faites sans cause.....

De 1839 à 1845, il y a eu, en moyenne, 37,326 recrues déclarées bonnes pour le service, qui avaient de 1 mètre 56 centimètres à 1 mètre 651 millimètres, c'est-à-dire au-dessous de 5 pieds 1 pouce. De sorte qu'avec la taille exigée avant 1789 pour les soldats de l'armée de ligne, il y aurait aujourd'hui chaque année, sur 72 ou 73,000 jeunes soldats, 37,000 qui seraient déclarés impropres au service, pour défaut de taille, de sorte que plus de la moitié de notre armée devrait être renvoyée comme impropre au service.

Si on exigeait aujourd'hui la taille de 5 pieds 1 pouce pour l'armée, en conservant le chiffre de 80,000 recrues par an, il serait impossible, même en épuisant les contingents, de trouver ce nombre d'hommes. Il faudrait, pour les obtenir, supprimer toutes les exemptions, comme fils de veuve, frères de militaire, etc., et encore à peine arriverait-on à trouver 80,000 hommes valides et de la taille de 5 pieds 1 pouce..........

Dans les sept classes de 1831 à 1837, en y comprenant ceux qui ont été réformés au corps pour infirmités contractées avant d'y entrer, il y a eu 459,000 exemptés et 504,000 reconnus bons pour le service.

Dans les sept classes de 1839 à 1845, 491,000 ont été exemptés, 486,000 seulement ont été déclarés bons pour le service.

Ainsi, dans la première période, sur 100 conscrits, 45 1/2 sont infirmes ou nains ; dans la seconde, 50 1/2 sont dans cette triste position.

Voilà l'état de la jeunesse française, et dans les 18 dernières années qu'on regarde généralement comme si prospères, sa force a diminué et sa santé s'est altérée. Par l'état des jeunes Français de 21 ans, constaté ainsi de la manière la plus authentique, on peut juger avec certitude l'état de faiblesse, de débilité d'une grande partie de la population française et des progrès dans le mal. »

O généreuse France, voilà donc l'état d'affaissement

moral et physique où tu es tombée ! Voilà donc ce que l'on a fait pour te corrompre, te dégrader, t'abrutir ! Voilà ce que l'on a fait pour te conduire à deux pas de la barbarie, toi qui occupais jadis le premier rang parmi les nations, toi qui étais l'objet de leur estime, de leur respect, de leur admiration !

CHAPITRE II.

—

COUP-D'ŒIL RÉTROSPECTIF SUR L'EMPIRE — SUR LA RESTAU-
RATION — SUR LA MONARCHIE CITOYENNE. — ON DOIT
AVOIR FOI DANS L'AVENIR DE LA RÉPUBLIQUE. — HYMNE
A LA LIBERTÉ.

Napoléon, le plus grand génie des temps modernes, lui qui acquit si facilement par son mérite supérieur et le prestige de sa gloire militaire, l'ascendant le plus immense que de mémoire d'homme souverain ait acquis sur son peuple et sur son armée (c'était l'ascendant irrésistible du génie et de la victoire); Napoléon, disons-nous, sembla, au début de sa carrière politique, recueillir les principes de liberté proclamés par la révolution; il fut accueilli avec transport par toute la France comme le sauveur de cette révolution qui était sur le point de périr, mais il ne tarda pas à répudier ce précieux héritage, et bientôt cette liberté, pour l'obtention de laquelle nos pères avaient fait de si héroïques efforts, fut étouffée sous sa main de fer, dans son vaste système de dictature militaire.

La France s'endormit alors au bruit de ces victoires presque fabuleuses qui font de l'Empire une époque à jamais illustre d'éclat et de splendeur dans les fastes du monde entier ; mais elle perdit tout le fruit de ce qu'elle avait fait en faveur de la liberté.

Napoléon avait triomphé des armées de l'Europe et n'avait pas triomphé des nations : car le génie et la victoire sont impuissants à la fin contre l'indépendance des peuples, contre le droit : c'est là la grande loi humaine, loi providentielle. — Napoléon qui, en se plaçant à la tête de la démocratie européenne, eût renversé mieux qu'avec ses phalanges guerrières tous les rois de l'Europe, devait donc périr pour avoir donné à la liberté le baiser de Judas, et sa chute fut, pour ainsi dire, marquée à jour fixe par le doigt de Dieu. Napoléon eut beau faire, il ne put laver entièrement, même par des flots de gloire, les taches qu'il avait imprimées à la liberté. Napoléon, par suite d'une déplorable aberration de jugement, ne comprit point que son plus beau rôle était de devenir l'exécuteur testamentaire de la révolution, qui en mourant lui avait légué l'accomplissement de ses dernières volontés, et cet homme prodigieux, que la Providence n'avait élevé si haut que pour rendre sa chute plus éclatante aux yeux de l'univers ; ce conquérant illustre dont le regard d'aigle embrassait les limites de l'horizon européen ; ce géant guerrier qui, de sa fulgurante épée, avait ouvert le 19e siècle, qui avait fait arborer le drapeau français sur les tours de Madrid, de Lisbonne, de Naples, de Rome, de Vienne, de Dresde, de Berlin et de Moscou; ce fondateur d'Etats, qui tenait sous ses pieds dans une servile obéissance les rois de l'Europe; cet homme extraordinaire, qui rayait de la pointe de son sabre les empires de la carte; cet immortel génie, dont les admirables et savantes combinaisons avaient ouvert à ses armées les portes de toutes les capitales du continent; ce démolisseur de nations; ce grand législateur, qui dictait aux souverains et aux peuples des traités et des lois; ce célèbre potentat, qui commandait en maître à l'Europe entière, si la superbe Albion n'eût point existé; ce grand capitaine qui pouvait, à plus juste titre qu'un général romain, dire : *Veni, vidi, vici,* — *Je suis venu, j'ai vu, j'ai vaincu;* lui qui, au nom grandiose d'empereur des Français, avait ajouté les titres pompeux de roi d'Italie, de protecteur de la Confédération du Rhin et de médiateur de la Confédération suisse, frappé par la foudre de Vaterloo, il abdiqua sur des milliers de cadavres. Fugitif, il monta sur le *Bellérophon*, à bord duquel il écrivit au régent d'Angleterre cette lettre célèbre, si pleine de confiance, de noblesse et de simplicité : « Altesse royale, en butte » aux factions qui divisent mon pays et à l'inimitié des » plus grandes puissances de l'Europe, j'ai terminé ma » carrière politique et je viens, comme Thémistocle, m'as- » seoir au foyer du peuple britannique. Je me mets » sous la protection de ses lois, que je réclame de votre

» Altesse royale, comme du plus puissant, du plus cons-
» tant et du plus généreux de mes ennemis. »

Acculé sur un rocher solitaire, prisonnier de Hudson Lowe, ce fameux geôlier de la Sainte-Alliance, n'ayant plus que quelques pieds de terre pour alimenter sa dévorante activité, lui qui, porté sur les ailes de la victoire, s'était promené en triomphateur dans toute l'étendue de l'Europe, pour palais qu'un misérable réduit, lui qui, sous les lambris dorés des Tuileries, au sein des plaisirs, de la pompe, du faste, des grandeurs, de l'éclat de sa gloire, des hommages de ses courtisans, faisait faire antichambre aux souverains qu'il avait créés ou vaincus; séparé des objets les plus chers de sa tendresse et de son affection, abreuvé de dégoûts et d'humiliations, n'ayant plus même l'espoir de laisser à un fils chéri une couronne qui avait jeté une lueur si resplendissante sur sa tête, lui qui avait rêvé une monarchie européenne et une dynastie éternelle; après un règne de quelques années, après avoir accompli l'œuvre de Dieu sans s'en douter, disparut et se coucha, comme un astre éteint, dans les vastes ondes de l'Océan atlantique, en laissant derrière lui une trace de sang.

Le vaisseau de l'exil cinglait vers le rocher homicide de Sainte-Hélène, portant à son bord l'homme qui avait fait trembler l'Europe, pendant que Louis XVIII était placé sur le trône par les ennemis de notre patrie. Le nouveau monarque concéda, il est vrai, à la nation quelques parcelles de cette liberté, qui avait été comprimée par la main d'un glorieux despote.

La France, longtemps endormie au bruit des victoires du premier capitaine des temps anciens et modernes, s'éveilla à des accents inconnus. La tribune nationale essayait sa voix et faisait entendre à la France les sons graves, éloquents et majestueux de la liberté.

Les émigrés, rentrés avec Louis XVIII à la suite des baïonnettes étrangères, rêvaient de leurs anciens rois; les militaires, couverts de leurs cicatrices et des lauriers cueillis sur tous les champs de bataille de l'Europe, humiliés et qualifiés de brigands de la Loire sous ce nouveau gouvernement, rêvaient de Napoléon, et les jeunes gens, dont l'esprit avait été saturé des idées de 89, rêvaient de la révolution. Quant au peuple, il s'agitait autour du forum. Mais que de faiblesses criminelles, sous le gouvernement de cette malencontreuse dynastie! Évoquons de son tombeau la grande ombre de l'illustre maréchal Ney, qui, malgré les termes formels d'une capitulation qui lui sauvegardait la vie, fut néanmoins mis à mort; et toi, intrépide colonel Labédoyère, du séjour des morts où tu reposes, lève-toi : venez ensemble nous dire l'histoire de cette fatale époque, qui vit le sol français souillé par la présence des étrangers coalisés contre nous. Plus d'un milliard et demi, prélevé sur le sang et la sueur du peuple français, payé jusqu'au dernier centime à la Sainte-Alliance, à titre d'indemnités de frais de guerre, parle plus haut que les discours les plus éloquents. Que dirons-nous des traités de 1815, dont le but principal fut non seulement d'humilier et d'affaiblir la France, mais encore de parquer les peuples, contre leurs volontés, comme de vils troupeaux, en trafiquant d'eux, comme l'on fait des esclaves sur les marchés de Constantinople et de Bagdad? Que dirons-nous de ces traités honteux, en vertu desquels plusieurs de nos départemens furent arrachés avec violence aux serres de l'aigle napoléonnienne, plusieurs de nos places fortes démantelées, notre Trésor pillé, notre matériel de guerre, nos objets d'art, nos tableaux précieux enlevés?

La branche aînée, après les atteintes les plus graves portées à la liberté, voulut, par un remède suprème, faire rentrer dans son lit le torrent de l'opposition : elle publia ses fatales et trop fameuses ordonnances; ainsi périt cette famille de rois, comme périssent toutes les puissances terrestres, par les mesures violentes et surtout par l'abus de leur principe.

Le 29 juillet 1830, Charles X avait quitté la capitale, le trône se trouvait vacant. Lafayette régnait souverainement sur Paris, et Paris régnait souverainement sur la France.

Louis-Philippe prit cauteleusement les mains à Lafayette, le couvrit de baisers perfides, fit sonner bien haut, les mots de Jemmapes, de Fleurus, de royauté citoyenne, de garde nationale, de liberté, et que savons-nous encore? Lafayette, dans sa candeur puérile, ne songea point qu'il avait affaire à un prince fin et rusé qui, depuis longtemps, s'efforçait d'acquérir, au préjudice de la famille qui s'en allait en exil, la popularité qu'il jugeait nécessaire à la réalisation de ses pro-

jets ambitieux. Le roi citoyen se signala au début de
son règne par des poignées de main et par les promesses les plus libérales, en jurant sur la Charte que
celle-ci serait désormais une vérité; la France salua
avec acclamation et enthousiasme cette ère nouvelle;
toutefois, le vieil ami de Washington ne tarda pas
longtemps à s'apercevoir qu'il s'était trompé, et nous
ne trouvons pas dans l'histoire d'exemple d'une ingra-
titude plus noire, envers un plus noble et plus candide
vieillard.

Bientôt, les portes des Tuileries lui furent fermées,
ainsi qu'à ses amis Casimir Périer, Laffitte, Dupont (de
l'Eure), eux qui s'étaient félicités d'avoir trouvé le beau
idéal, le vrai type d'un gouvernement libéral. Ils voulaient un trône héréditaire entouré d'institutions républicaines, et Louis-Philippe était, à leurs yeux, le seul
homme qui, dans cette occurrence, leur offrit toutes
les garanties désirables; mais bientôt ils virent tomber, ainsi que tous les zélateurs sincères de la liberté,
le voile de leur patriotique illusion devant ces lois d'o-
dieuse mémoire qui flétrissaient la presse, faussaient le
jury, dissolvaient les gardes nationales, enchaînaient la
liberté. — Bientôt ces célèbres paroles que Laffitte pro-
nonçait du haut de la tribune nationale, avec toute l'autorité d'un grand citoyen, retentirent dans la France
entière : « *Oui, je demande pardon à Dieu et aux
hommes d'avoir prêté mon concours à l'établissement de la monarchie de 1830.* »

Des apanages scandaleux furent demandés pour les

fils du roi ; Paris fut plusieurs fois déclaré en état de siège ; Lyon eut ses mitraillades ; la rue Transnonain, sa victoire sanglante ; le Mont-Saint-Michel, ses victimes politiques ; la capitale, ses embastillements ; on vit des favoris du Pouvoir traverser l'immense étendue des mers, portant à la main un tribut de vingt-cinq millions à la railleuse Amérique. Un vaste système de corruption, d'égoïsme, de ruse, de mensonge, fut organisé dans toute la France.

Les élections, loin d'envoyer à la Chambre une majorité qui fût l'expression de la nation, n'envoyaient qu'une nuée de fonctionnaires et d'hommes qui s'étaient fastueusement décorés du nom de conservateurs, mais qui, dans la réalité, n'étaient pour la plupart que des bornes, des loups-cerviers, des repus, des satisfaits et des corrompus ; bref, une troupe moutonnière servilement soumise, pour les votes du scrutin, à la baguette enchanteresse de Guizot et de Duchâtel, deux ministres pusillanimes, que la France avait pris par la main et portés au faîte du pouvoir, et qui permirent que notre pays devînt, sous le règne de leur maître, la risée du monde entier ; ils avaient fait toutes les concessions exigées par l'impérieuse Angleterre ; ce n'était qu'avec une obséquieuse déférence qu'ils demandaient à lord Palmerston le mode de gouvernement qui convenait à la noble nation française, dont ils étaient les indignes ministres.

Quant à la religion, elle était bonne pour les enfants et les vieilles femmes ; l'on ne se prosternait plus que devant le Dieu de l'intérêt.

Voilà l'état d'abaissement où ce système d'incertitude, de peur et de matérialisme, avait conduit notre pays. O vous, nos frères, enfants de la Pologne et de l'Italie, n'est-il pas vrai que, lorsque votre voix murmurait tout bas les paroles sacrées de liberté et de patrie, le nom de la France avait cessé de frémir sur vos lèvres? N'est-il pas vrai que, lorsque dans votre indignation, vous contempliez vos oppresseurs et vos bourreaux, le nom de la France, autrefois votre espoir, n'était plus présent à vos espérances ni à vos souvenirs? Les gouvernants disaient dans leur délire : *Nous avons vaincu;* ils souriaient de pitié, à la vue des efforts d'une faible opposition devenue désormais impuissante ; pleins de confiance dans leur immense majorité, ils se croyaient de force à défier toutes les hostilités parlementaires et à braver tous les événements ; ils avaient interdit les réunions et les banquets dans toute l'étendue de la France; déjà ils avaient creusé un tombeau à la liberté ; déjà ils avaient chanté ses funérailles ; déjà ils avaient scellé la tombe de cette fille du ciel; les insensés! ils avaient oublié que la liberté est immortelle.

Au jour marqué par Celui qui, suivant le grand Bossuet, *règne dans les cieux, de qui relèvent les empires, à qui seul appartient la gloire, la majesté et l'indépendance,* à ce jour marqué, disons-nous, la liberté secoua son linceul, se leva et s'offrit aux yeux de la France, émue d'étonnement.

Ainsi tomba cette dynastie de quatorze siècles qui, portée au pouvoir dans un temps où la démocratie coulait à pleins bords, ne comprit point sa mission, ni les besoins de son époque; elle foula aux pieds cette liberté qui devait être le fondement le plus solide de son trône; elle tomba en face de cinquante mille hommes qui, l'arme au bras, ne firent aucune manifestation en sa faveur; en face d'une garde nationale indifférente à cette terrible chute du plus beau trône du monde; en face d'une foule vénale de courtisans qui, la veille, se targuaient emphatiquement du titre d'amis de la cour, et qui ne se trouvèrent pas même là pour accompagner Louis-Philippe et Marie-Amélie dans leur fuite isolée; en face de cette nation dont le cœur glacé depuis longtemps ne battait plus pour son roi; en face de cette population parisienne et de cette Chambre législative qui restèrent insensibles aux larmes et aux prières de la duchesse d'Orléans, elle qui, tenant le comte de Paris par la main, s'était rendue au milieu des députés, qu'un spectacle aussi touchant ne put émouvoir. Hélas! cette mère héroïque, qui avait vu prématurément luire la couronne de France sur la tête de ce jeune prince, quitta l'assemblée le cœur navré de douleur, privée à jamais de la douce espérance de voir un jour ce fils assis sur le trône brisé de ses aïeux.

Cependant notre impartialité nous fait un devoir rigoureux de dire que Louis-Philippe, comme père et époux, est sous bien des rapports digne des éloges, non seulement de ses contemporains, mais encore de la postérité la plus reculée. Ses fils avaient reçu une éducation libérale en harmonie avec les hautes destinées auquelles ils étaient appelés. Anvers, Saint-Jean-d'Ulloa, Mogador, Mascara, Constantine, les plages lointaines de Sainte-Hélène, les côtes de l'Angleterre, avaient été témoins de leur courage précoce et de leur conduite honorable ; la France s'était couverte d'un voile funèbre à la mort du duc d'Orléans, l'héritier présomptif de la couronne.

Les filles du roi, élevées sous les yeux d'une sainte femme, Marie-Amélie, leur mère, étaient des modèles de charité, de simplicité, de modestie et de vertu.

Le roi avait trois défauts principaux, qui ne contribuèrent pas peu à sa perte : l'amour immodéré de l'argent, une tendresse ambitieuse pour ses enfants, qu'il voulait allier aux premières familles européennes, en sacrifiant au besoin la paix et la tranquillité de la France ; combien de fois le pays s'était indigné en voyant le chef d'une famille opulente mendier, aux Chambres législatives, des dotations scandaleuses pour ses fils ; enfin, des tendances despotiques, tendances qui s'étaient manifestées surtout dans les actes qui signalèrent les dernières années de son règne.

Après l'action dissolvante de la philosophie du 18e siècle, du despotisme et de la corruption sur les cœurs et sur les esprits, après la triste expérience de toutes les formes gouvernementales, la nation française, débile et maladive, n'aurait-elle donc plus la force de supporter le régime républicain ? Sans vie au dedans, sans grandeur au dehors, la République serait-elle destinée à expirer dans les tempêtes de la démocratie, sous la

domination liberticide d'un Président, ou sous la botte
éperonnée de quelque soldat heureux?

Rome, Athènes, et tant de peuples autrefois civilisés,
direz-vous, ne sont-ils pas là, dans les annales des nations, pour nous apprendre que l'apogée de la civilisation n'est pas toujours une garantie pour la durée des
empires et des républiques ; cette civilisation corrompue,
n'a-t-elle pas été au contraire la cause et le prélude de
leur décadence et de leur barbarie? Un sort semblable
ne serait-il pas réservé à la République française?—Et,
sans aller chercher des exemples parmi les peuples anciens, la Pologne, dont la gloire jadis a jeté un si vif
éclat, n'était-elle pas encore une grande et puissante
nation dans le siècle précédent? Malgré ses vertus
guerrières, aussi grandes que sous les Wladislas, les
Jagellon, les Sobieski et les Kosciusko, malgré le courage
chevaleresque d'une partie de sa population, n'a-t-elle
pas fini par succomber, en proie aux tiraillements et à
la violence de stupides et incorrigibles factions, sous le
poids de ses vices et de ses haines intestines, victime de
l'instabilité d'un gouvernement devenu impuissant à la
sauver? N'a-t-elle pas été partagée par le Russe, dont
elle avait triomphé autrefois? N'a-t-elle pas servi à
augmenter la puissance du Prussien, jadis soumis à ses
lois? N'a-t-elle pas servi à l'agrandissement de l'Autrichien, qu'elle avait sauvé de la barbarie, en le sauvant
du fanatisme musulman?—Non, la République ne périra
point : achetée au prix du sang le plus pur de nos concitoyens, morts martyrs de la liberté, elle aura d'autre

résultat que la dépravation, l'oppression du peuple et le despotisme du sabre. Suivant les décrets de la Providence, la France qui, par ses idées, marche depuis bien des siècles à la tête de toutes les nations du globe, la France sera le palladium du genre humain ; c'est à elle qu'il est donné de conserver ce feu sacré, ce trésor intellectuel des hautes conceptions, des sentiments sublimes, elle, qui possède le génie des arts et des sciences, elle, la terre classique des grands hommes, elle, le sol hospitalier du malheur. O France, non, ta mission n'est point remplie, malgré tes fautes, tes égarements et ta décadence ; le Ciel fera briller encore sur ta tête le soleil de sa protection ; un jour viendra et ce jour, nous en avons la ferme conviction, n'est pas éloigné, où la République, se retrempant dans les forces ravivées de la France, brillera d'un éclat radieux, et nous ses enfants, tous réunis de cœur et d'âme à cette mère chérie, nous pourrons encore être fiers de porter le nom de Français, et nous écrier en face de ses ennemis, comme autrefois ce jeune général sur le sol autrichien : *La République française est comme un soleil; aveugle, qui ne la voit pas.*

Lorsque nous considérons la spontanéité avec laquelle la majeure partie de la nation a, le lendemain du 24 Février, franchement accepté l'état de choses, non pas seulement comme un progrès politique, mais aussi comme un perfectionnement social, lorsque nous considérons tous les principes de vitalité, tous les éléments de force, de prospérité que renferme le pays, quand nous

voyons les mœurs, les idées, les institutions démocra-
tisées dans notre patrie depuis plusieurs années, quand
nous nous rappelons que, le lendemain de la révolution
de 1830, Louis-Philippe fut obligé pour se faire agréer
de s'affubler d'un manteau républicain, alors nous sommes forcés de nous écrier : Oui, ces grandes et belles vérités de la révolution de 89 vivront à jamais au sein
de la nation française, elles seront immortelles comme
la liberté elle-même. Ces magnifiques et sublimes vérités sont cimentées par le sang de nos pères morts pour
la liberté, elles sont saluées avec enthousiasme par les
peuples, sanctionnées par les Constitutions, publiées par
les tribunes de presque toutes les nations civilisées, elles
brillent d'un vif éclat en Angleterre et en Belgique, elles
sont nationalisées en Amérique, elles sont popularisées
en France, elles vivent en Espagne et en Portugal, elles
commencent à s'acclimater en Allemagne, elles ne tar-
deront pas à s'implanter dans une partie du nord de
l'Europe : car, malgré le despotisme et le mauvais vouloir des rois, ces vérités ne sauraient plus rétrograder,
elles feront le tour du globe. C'est du foyer français que
jaillira la lumière du monde, car la France a dérobé le
feu du ciel pour en doter tous les peuples.

C'est en vain que les potentats de l'Europe, pour se
maintenir sur leurs trônes vermoulus, forment entre
eux des coalitions sacrilèges contre les peuples ; c'est en
vain qu'ils entretiennent à grands frais, sur le pied de
guerre, de nombreuses armées ; c'est en vain qu'ils s'ef-
forcent de retenir dans leurs mains défaillantes un

pouvoir odieux, qui leur échappera par la force même
des choses ; c'est en vain que le canon du despotisme
fait des trouées dans les rangs du peuple, les vides se
rempliront, la terre de la démocratie, dans sa fécondité,
enfantera de nouvelles générations qui, avec le sentiment de leurs droits imprescriptibles et de leurs forces,
se lèveront pleines d'espoir et d'énergie, et finiront tôt
ou tard par triompher de leurs tyrans.

O France, ta destinée est toujours grande! la Providence, dont le doigt vient de se montrer d'une manière
aussi ostensible, n'a point mis un terme à ton action civilisatrice. — Si, depuis le 24 Février, nous avons vu ce
peuple en proie aux déchirements et aux convulsions
de l'anarchie, nous devons néanmoins nous montrer dignes de la liberté, en ne désespérant point d'elle, car
les peuples marchent irrésistiblement vers leur émancipation, et la liberté qui doit être leur partage, ne périra
point. — Si la gloire, parvenue à son apogée, s'est
éteinte pour la nation française à force de briller, si la
source de la vie s'est trouvée en elle altérée par le poi-
son du scepticisme, du matérialisme et de la corruption,
il n'en est pas de même de la liberté, la liberté se res-
taure par ses épuisements mêmes. — O liberté, passion
des âmes généreuses, toi, la mère de l'ordre et de l'u-
nion, et que tes calomniateurs, qui ne te comprennent
point, appellent le mauvais génie du désordre et de
l'anarchie, toi, qui considères tous les hommes égaux,
toi, qui les regardes tous comme frères, toi, dont le nom
frémit sans cesse sur les lèvres de l'exilé, toi, dont les

rayons bienfaisants brillent à travers les barreaux du prisonnier politique, toi, que l'esclave appelle, toi, qu'en ce moment l'Italie, la Hongrie et la Pologne, courbées sous le poids de leurs chaînes, invoquent à grands cris, toi qui, saintement préfères le fond à la forme, la justice aux lois, les principes aux hommes, les triomphes de l'intelligence aux victoires de la force brutale, les proscrits à leurs oppresseurs, le peuple à ses tyrans, le genre humain aux nations, toi, qu'on ne saurait aimer qu'avec transport, toi, qui fait bondir avec enthousiasme le cœur du jeune homme, toi, qui fais palpiter délicieusement l'âme du vieillard, toi, l'ornement et les délices de la prospérité, toi, l'espoir et la consolation dans l'infortune, toi, la fille du ciel, qui n'as point quitté le sein de ton père pour opprimer le genre humain, mais pour le délivrer et le rendre heureux, toi, qui, avec des chants de triomphe, une branche de laurier à la main, assisteras aux dernières funérailles du dernier despote sur la terre, ô liberté ; liberté chérie, ma plus grande félicité sur la terre sera toujours de t'offrir mon culte et mes hommages. Que ma langue desséchée s'attache à mon palais, si jamais je cesse de chanter tes louanges, que mon cœur s'arrête glacé dans ma poitrine, si jamais je cesse de te chérir ! Viens fixer ton séjour parmi nous, viens habiter, pour ne plus le quitter, ce beau et noble pays de France, l'avant-garde des nations.

CHAPITRE III.

—

IMPUISSANCE DE NOS HOMMES D'ÉTAT. — LES LOIS, LES FORMES GOUVERNEMENTALES ET LA FORCE MATÉRIELLE SERONT TOUJOURS IMPUISSANTES POUR RÉGÉNÉRER LES PEUPLES. — L'ÉLÉMENT RELIGIEUX EST SEUL CAPABLE D'OPÉRER UNE TELLE TRANSFORMATION SOCIALE, PARCE QU'IL EST LE SEUL FONDEMENT SOLIDE DES SOCIÉTÉS, ET QUE SANS LUI LES VERTUS PUBLIQUES ET DOMESTIQUES NE RÈGNERONT JAMAIS AU SEIN D'UNE NATION.

———

Soumises à des pouvoirs sans autorité morale, les nations de l'Europe flottent irrésolues et en proie à de sinistres pressentiments; la décrépitude des puissances laisse errer le navire de l'Etat, sans mât et sans gouvernail, sur une mer houleuse et semée d'écueils. Les gouvernements, après avoir revêtu les formes oligarchiques, monarchiques, constitutionnelles, républicaines, après avoir été tantôt faibles, tantôt tyranniques, ont passé par tant de mains, ont fait tant de promesses pompeuses, ont saturé les peuples de tant de déceptions, qu'aujourd'hui ces peuples n'ont plus pour eux qu'un seul sentiment, la défiance.

L'édifice social lézardé s'écroulera infailliblement, s'il n'est raffermi et fortifié par le ciment du christianisme.

Comprimer, réprimer, opprimer, voilà l'extrême ressource, le suprême effort, le dernier mot de la sagesse humaine, ou de la sagesse païenne, sagesse qui, parvenue au terme qui démontre son impuissance, peut dire, comme ces illustres explorateurs parvenus aux derniers confins du globe terrestre : *Sistimus tandem, nobis ubi defuit orbis.*

Aujourd'hui, après avoir proclamé l'émancipation politique des nations, après leur avoir promis un nouvel Eden sur la terre, après tant de révolutions sanglantes, après de si nombreuses, de si inutiles expériences, après avoir gratifié les peuples de tous les modes de gouvernement connus, après les progrès manifestes des arts, des sciences, de l'agriculture, du commerce et de l'industrie, après avoir épuisé toutes les ressources humaines pour procurer leur salut aux nations, nos grands hommes d'Etat en sont arrivés à des résultats tellement désespérants, que tous ceux qui sont sincères avouent eux-mêmes leur impuissance, aveu bien propre, s'il en fut jamais, à humilier l'orgueil et à confondre la raison de tous les hommes d'état, de tous les politiques, de tous les législateurs, de tous les économistes, de tous les philosophes passés, présents et futurs; M. Victor Hugo avait donc raison de dire : Le plus grand politique de nos jours, ne sera-t-il pas le plus grand homme chrétien?

De quel côté que nous tournions nos regards, nous envisageons l'avenir avec inquiétude; si nous appliquons attentivement notre oreille contre le sol, nous entendons mugir sourdement ces conspirations souterraines contre la religion, la famille et la propriété, comme un volcan qui bouillonne au fond de son cratère, prêt à faire éruption et à lancer ses laves écumantes sur la société tout entière.

Si nous traçons aux yeux de certaines personnes le tableau de notre société gangrenée par le scepticisme et le matérialisme; si nous leur faisons, pour ainsi dire, toucher du doigt la cause de cette désorganisation dans l'absence de foi, de principes religieux, de règle de morale, dans l'expansion de ces détestables doctrines qui, ne reconnaissant point d'autre vie au-delà du tombeau, prèchent la jouissance des biens matériels, et le mépris de toute autorité; ces hommes, dont un grand nombre ignorent les idées et jusqu'à la langue même du christianisme, sourient de pitié, et se révoltent contre ce qu'ils ne comprennent pas; ils veulent bien nous faire la grâce d'ètre d'accord avec nous sur le but que nous nous proposons, c'est-à-dire la régénération, la moralisation du peuple et l'amélioration de son sort; mais ils diffèrent, *toto mundo*, sur les moyens.

Cependant, puisque le hideux tableau de la dégradation morale remplit l'âme de tristesse, il faut bien avoir le courage de proclamer l'inanité des systèmes de ces novateurs modernes, et le véritable antidote à nos maux; la République, il est vrai, est le gouvernement par excellence de toutes les vertus, mais ces vertus n'existeront jamais que par les doctrines religieuses.

Nos principes républicains, liberté, égalité, fraternité, seraient sans force, sans efficacité, d'une amère dérision, d'une sanglante ironie, s'ils ne prenaient leur source dans le code évangélique, s'ils n'avaient Dieu pour sanction; ces trois mots resplendissant sur notre drapeau national, inscrits sur le frontispice de nos monuments, imprimés en tête de toutes nos lois, tracés sur les murs de nos cités, incompris par les uns, mal interprétés par les autres, devraient s'effacer, ou cesser d'être un triple mensonge.

Sages du monde, heureux du monde, vous qui, dans votre folle pensée, vous regardez comme les colonnes de l'édifice social, ouvrirez-vous enfin les yeux à la lumière? N'est-il donc pas temps de vous apercevoir que les constitutions, les lois, les prisons, les cachots, les forts, les pontons, les mises en état de siége, les exécutions et toutes les armes terrestres, sont insuffisantes pour vous protéger efficacement? Vous, hommes d'État illustres, vous, écrivains distingués, vous, administrateurs habiles, vous, hommes d'un mérite incontesté, mais sans largeur dans les vues, sans élévation dans les idées, sans générosité dans les sentiments, sans systèmes, sans doctrines, sans principes arrêtés; vous, qui brillez par de grands talents, à qui il ne manque qu'une seule chose pour gouverner une nation, l'amour de la vraie liberté et la compréhension des véritables moyens, à l'aide desquels on rend les institutions durables et une société vertueuse.

Est-ce donc avec les habiletés imbéciles de votre politique surannée, que vous procurerez le salut aux sociétés modernes? Ne voyez-vous donc pas que, dans le siècle où nous vivons, la force matérielle seule sera toujours impuissante pour triompher des sophismes qui égarent une trop grande partie des nations de l'Europe, car le fusil tue des hommes, mais ne tue point les idées, le fusil est un moyen et non une solution; ce n'est donc qu'en opposant des idées aux idées, que nous pourrons vaincre les ennemis de la société.

En conséquence, nous faisons appel aux hommes religieux, ainsi qu'aux philosophes dignes de ce nom, en les conjurant de remplir un devoir honorable, une tâche immense, à laquelle tous leurs efforts réunis auront peine à suffire. Opérer par des bienfaits une réconciliation sincère et durable entre le pauvre et le riche, éclairer, moraliser, régénérer, consoler les masses, lorsqu'on ne peut faire disparaître entièrement leurs souffrances ; leur faire entrevoir le ciel au-delà des pénibles épreuves de cette vie, leur faire considérer le tombeau comme le berceau d'une vie meilleure, 'n'est-ce pas là le but de toute religion, de toute philosophie? Est-il une plus noble occupation, un plus saint apostolat? combattre les doctrines pernicieuses et anti-sociales, diriger dans la bonne voie l'opinion faussée par les idées socialistes et communistes et par les préjugés et les passions.

A la propagande de la haine, de l'immoralité, du mensonge et de la barbarie, opposer la propagande de la fraternité, de la morale, de la vérité et de la civilisation ; aux faits controuvés opposer des faits exacts, au mysticisme des théories, les enseignements de l'histoire. C'est là non seulement un droit, mais un devoir pour tout bon citoyen ; en effet, pourquoi ne serait-il pas permis d'apporter dans la sphère de ses facultés son grain de sable, ou sa part de matériaux, à la construction du nouvel édifice social ?

Le citoyen Proudhon a dit : Accordez-moi le droit au travail, et je vous fais grâce du reste. Pour repousser cette prétention hardie du fameux coryphée du socialisme, plusieurs de nos illustres écrivains, plusieurs de nos célèbres économistes ont écrit de gros volumes, plusieurs de nos grands orateurs sont montés à la tribune, où ils ont proclamé que l'application des théories socialistes serait la ruine de la religion, de la civilisation, de la propriété et de la famille.

Mais, ô grands politiques, ô hommes éloquents, ne vous aperceviez-vous donc pas que vous prêchiez dans le désert ? ne vous aperceviez-vous donc pas que le problème entier restait à résoudre, et que la seule chose qu'il nous importait de connaître était précisément celle-là que vous ne nous appreniez point ?

L'application des principes socialistes appauvrirait

le riche, dites-vous, sans diminuer la misère du pauvre, ce dernier n'y gagnerait que l'égalité dans la misère. Mais parmi les pauvres, les uns n'ont pas foi en vos paroles, et les autres vous diront : Eh bien, cette égalité de la misère est au moins une égalité, et voilà toujours sans solution ce redoutable problème social, cette question capitale du 19e siècle, qui domine toutes les autres : *L'amélioration du sort des classes ouvrières.*

Le pauvre hait le riche, voilà le mal, où est donc votre remède? votre critique des doctrines socialistes, du point de vue où vous vous placez, est sans nul doute péremptoire, mais lorsque les socialistes viennent vous faire la critique de la société actuelle, avec son dégradant égoïsme, ne sont-ils pas aussi conséquents que vous? encore une fois, indiquez-nous donc le remède à nos maux, s'il vous plaît.

Vous voyez la ruine certaine de la société, dans l'adaptation des pernicieuses théories du socialisme et du communisme, mais vos doctrines, vos principes, à vous, moins dangereux peut-être, se trouvent en réalité aussi stériles, aussi impuissants pour obtenir la solution de ce problème, puisque ces doctrines, ces principes n'émanent point de cette source sacrée que nous appelons l'Evangile; oui, nous avons la conviction que comme les socialistes, que comme les communistes, vous cherchez la quadrature du cercle, vous cherchez la pierre philosophale, vous cherchez le mouvement perpétuel, car vous ne donnerez jamais une solution de ce qui est insoluble.

Jean-Jacques Rousseau, qui, parmi de nombreux pa-
radoxes, a publié de grandes vérités, a dit avec raison :
« Il n'y aura jamais de bonne et solide constitution,
que celle où la loi règnera sur les cœurs des citoyens ;
tant que la force législative n'ira pas là, les lois seront
toujours éludées ; » et ailleurs : « J'avais cru qu'on
pouvait être vertueux sans religion, mais je suis bien
détrompé de cette erreur. »

Gardons-nous de chercher dans les formes sociales
ce qui ne s'y trouve point, c'est-à-dire quelque chose
d'absolu ; nous pensons qu'en matière gouvernementale,
la meilleure forme, c'est celle qui, N'IMPORTE LE NOM,
procure à la nation la plus grande somme de moralité,
de liberté, de prospérité et de bonheur, voilà notre
profession de foi ; les souffrances, les maladies, dont les
nations sont travaillées, ne sont pas plus le résultat de
la forme de leur gouvernement, que les souffrances, les
maladies de l'homme ne sont le résultat de l'habit qu'il
porte ; le mal absolu, comme le bien absolu, n'existe ni
dans les formes oligarchiques, ni monarchiques, ni
constitutionnelles, ni démocratiques, ni républicaines ;
mais le bien absolu se trouve dans cette foi religieuse,
dans ce sens moral, dans cette justice, dans cette bonne
foi, dans cette probité individuelle qui, étant le plus
sûr garant de la paix publique, éloignera de nous toutes
ces terribles commotions dont notre pays a été tant de
fois victime depuis soixante ans.

La France avec l'élément religieux, élément qui fera
naître dans les âmes les vertus sociales, et le besoin de

stabilité politique, la France pourra impunément, dans ses lois, dans ses institutions, dans ses mœurs, être aussi démocratique qu'elle le jugera à propos ; elle pourra même, si elle le croit convenable, se faire monarchique, aristocratique, constitutionnelle sans aucun danger, parce que l'alliance de la religion et de la liberté produira indubitablement sous toutes ces formes, durée, force, paix, gloire, prospérité, bonheur, tandis qu'avec l'indifférence et le doute religieux, la France ne rencontrera que réaction, faiblesse, anarchie, honte, misère, chaos.

Pendant dix-sept ans, nous avons vu les hommes d'ordre, à la tête du gouvernement, diriger, par le prestige de leur nom et l'éclat de leur talent, les assemblées délibérantes ; la magistrature, l'armée, toutes les administrations publiques venaient à l'envi apporter leur contingent d'hommes dévoués, et former cette immense, cette écrasante majorité qui, on le sait, fut si funeste à la royauté ; ni les talents, ni les ressources, ni les amis, ni les circonstances favorables, ne leur firent point défaut, que leur manqua-t-il donc? une seule chose, des principes. L'édifice politique qu'ils avaient bâti avait, il est vrai, des formes gracieuses, mais privé de ce fondement de granit qui, seul, pouvait le rendre solide et durable, il s'est écroulé avec fracas, au premier souffle de l'ouragan révolutionnaire, en brisant dans sa chute le plus beau trône de l'univers, trône sur lequel s'était assise une dynastie de quatorze siècles.

Nous nous permettons donc de dire à ces hommes

qui ont voulu gouverner les nations sans le secours de l'élément religieux, eux qui, pour jouir dans une douce quiétude de leurs biens, de leurs richesses, repoussent aujourd'hui de toutes leurs forces les théories socialistes et communistes : Allez, allez toujours, vous dont la haine pour la religion du Christ est encore plus vivace et plus puissante dans le cœur que l'amour de votre sécurité et de votre propre conservation ; allez, n'hésitez point, sacrifiez aveuglément à vos instincts irréligieux, et vos propriétés, et vos personnes, et vos familles, et vos femmes, et vos enfants, et tout ce que vous avez de plus cher au monde, immolez, immolez les intérêts de la civilisation, du progrès, de la société toute entière, plantez un nouveau jalon sur cette route qui conduit aux abîmes, vous que le 24 juin 1848 n'a point détrompés, et qui jusqu'à présent avez cru que l'ordre public, la propriété, la famille pourraient se défendre seuls, sans le secours des principes religieux, vous qui voulez la fin et qui repoussez les moyens, dormez, dormez toujours, pauvres obstinés, mais prenez-y garde, votre réveil sera terrible, car vous serez vous-mêmes les premières victimes de votre indifférence et de votre endurcissement ; entre le communisme qui vous pulvérisera et le christianisme qui vous sauvera, choisissez.

Il est évident pour tout esprit qui n'est point sous l'empire des préjugés et des passions, que la religion du Christ seule peut donner la solution de cet immense problème : *La régénération morale des peuples et l'amélioration de leur sort ;* car si, suivant les doctrines des matérialistes et des communistes, mon existence se borne à la vie présente, ou en d'autres termes, si après ma mort tout est mort, je dois être conséquent avec mes principes; acquérir, jouir, voilà ma mission sur la terre; à celui qui méprise et dédaigne le ciel, la terre doit suffire. Le but de tous mes efforts doit être richesses et jouissances; je ne dois nullement être scrupuleux sur le choix des moyens, et tout système qui ne me procurera point ces avantages matériels, doit être rejeté par moi comme intolérable.

De même que Dieu est le premier besoin de l'humanité, ainsi la première des nécessités sociales, c'est la religion; Solon à Athènes, Lycurgue à Lacédémone, Numa à Rome et tous les législateurs de l'antiquité les plus habiles à policer et à gouverner les peuples, tous les philosophes les plus versés dans la connaissance des hommes, tous les grands personnages, en un mot, qui ont brillé par leur génie et leurs lumières, n'ont-ils pas posé la religion comme la base, comme la pierre angulaire de l'édifice social? Socrate, Platon, Aristote, Cicéron, Caton, Marc-Aurèle, ne pensaient-ils pas ainsi? et pour citer une autorité moins éloignée de nous et qui ne paraîtra ici nullement suspecte, Jean-Jacques, dans son *Contrat social*, veut que tout citoyen professe le dogme de l'existence de Dieu, de la Providence, et de la vie future, et que celui qui ne l'aurait pas reconnu publiquement, soit banni comme un homme insociable.

Montesquieu a publié une bien grande vérité, surtout lorsque l'on en fait l'application à la masse du genre humain : « *C'est qu'une religion même fausse est encore le plus sûr garant de la vertu des hommes.* » Et en effet, n'est-ce pas la religion, ce code sacré de l'humanité, qui est le fondement de la morale, le soutien de la famille et de la propriété, le palladium de la liberté des peuples, le lien des nations, la protectrice de la société tout entière, n'est-ce pas elle qui inspire aux pauvres, aux malheureux, des sentiments de résignation ? n'est-ce pas la religion qui fait naître dans le cœur des riches des sentiments de bienveillance et de libéralité ? n'est-ce pas la religion qui place dans l'âme du maître des sentiments de douceur et de bonté envers ses inférieurs ? n'est-ce pas la religion qui suggère aux ambitieux des sentiments d'humilité ? n'est-ce pas la religion qui, fait le bon citoyen, le bon serviteur, le bon père, le bon fils, le bon époux ? n'est-ce pas la religion, enfin, qui embrase le cœur des sentiments du plus pur patriotisme et du plus sublime dévouement pour le pays ?

Plus salutaire que la lyre d'Orphée, dont les sons harmonieux, suivant la fable, adoucissaient les animaux féroces, la religion, à la naissance des sociétés, a dompté les caractères les plus farouches, épuré les mœurs, inspiré des sentiments de bienveillance et de fraternité et resserré les liens qui unissent les membres de la grande famille humaine ; oui, il faut répéter sans cesse cette grande vérité élémentaire, parce que sans cesse on l'oublie, c'est qu'il n'existe point et qu'il n'existera jamais de société sans lois, ni de lois sans morale, ni de morale sans religion ; trop souvent on a étalé avec complaisance les abus qu'on a pu faire de ses préceptes, et l'on a gardé un silence coupable sur les immenses bienfaits qu'elle a répandus dans le monde entier.

Ce serait en vain que le génie de l'homme aurait fait ces grandes, ces magnifiques découvertes qui font honneur à l'humanité, découvertes qui sont l'objet de notre étonnement et de notre admiration. Ce serait en vain que le télescope aurait peuplé le ciel d'étoiles, de planètes et de mondes nouveaux ; ce serait en vain que la poudre aurait profondément modifié le système de la guerre ; ce serait en vain que la boussole aurait opéré la découverte de l'Amérique ; ce serait en vain que l'imprimerie aurait reculé les limites de la renommée jusqu'aux derniers confins du globe terrestre ; ce serait en vain que la vapeur aurait remplacé sur terre et sur mer les anciennes puissances motrices ; ce serait en vain que le daguerréotype aurait reproduit l'image des êtres vivants et inanimés avec une précision, une fidélité inimitables ; ce serait en vain que, d'un continent à l'autre, le télégraphe électrique aurait alimenté une conversation simultanée entre les particuliers et entre les nations ; sans foi et sans moralité, la liberté, le bonheur des nations, ne seront jamais durables.

Nous pouvons le proclamer bien haut, sans craindre de nous tromper, si les sciences, les arts, l'industrie, le commerce peuvent nous procurer la prospérité, les richesses ; si le génie, la valeur peuvent nous procurer la gloire, la religion seule peut opérer la régénération de notre patrie en nous procurant des vertus, car il est des plaies que la sagesse humaine ne pourra jamais guérir.

En vain la France, par son génie, ses lumières, son heureuse position géographique, par ses alliances et ses traités de commerce avec les autres peuples du globe, par sa population de 56 millions d'habitants, par l'étendue et la richesse de son territoire, par la grandeur et la magnificence de ses cités, par le nombre de ses chemins de fer, de ses canaux, de ses ports, elle qui assise sur deux mers, possède tout ce qui est indispensable pour devenir une puissance maritime de premier ordre; en vain serait-elle la première des nations du monde si, par une indifférence sacrilége pour les maximes de l'Evangile, par ses mœurs relâchées qui en seraient le résultat nécessaire, elle travaillait elle-même à paralyser et à détruire tous ses principes et tous ses éléments de prospérité. Athènes, avec ses arts, ses sciences, sa civilisation, était en proie à la corruption la plus effrénée. Lacédémone, avec ses lois, ses coutumes guerrières, agrestes et demi-sauvages, avait de grandes vertus.

Lorsque l'antique Rome allait jadis chercher ses généraux et ses dictateurs à la charrue, l'antique Rome était rustique et grossière, mais l'antique Rome avait des vertus et des mœurs; plus tard, la politesse avec la corruption s'introduisirent dans ses murs, alors les vertus et les mœurs disparurent.

A Dieu ne plaise que nous nous posions ici comme l'ennemi des lumières; non, le ténébrantisme ne nous comptera jamais au nombre de ses prosélytes; mais gardons-nous de croire cependant que les lumières soient toujours unies à la vertu, et les mœurs à la civilisation ; car nous voyons souvent dans le même homme, l'esprit, la science et la politesse des manières, alliés avec l'ambition, l'égoïsme et la bassesse ; il en est de même d'une nation.

Que devons-nous donc entendre par mœurs d'une nation ? Les mœurs peuvent se rencontrer dans le plus obscur hameau, où règnent la rusticité et l'ignorance, et manquer dans les cités les plus brillantes et les plus polies.

Le désintéressement, le patriotisme, le dévouement dans les législateurs, l'intégrité et la justice dans les magistrats et les fonctionnaires publics, l'équité dans les maîtres, la fidélité dans les serviteurs, la vigilance dans les parents, la piété filiale dans les enfants, l'humanité dans ceux qui sont favorisés des dons de la fortune, la probité dans l'homme de négoce, la bravoure et la discipline dans le soldat, la bonne foi, la fraternité dans tous, l'abnégation, la tempérance, la soumission aux lois, les sentiments nobles et généreux, le zèle du bien public, l'amour de la patrie, l'amour du travail, voilà ce que nous entendons par les mœurs d'un peuple. Oui, c'est avec ces vertus publiques et domestiques que l'on voit prospérer les nations, ainsi que les familles, et l'on peut dire, avec une certitude mathématique, que plus un peuple sera profondément religieux, plus ces vertus règneront chez lui et y exerceront un empire salutaire.

Nous demandons à toutes les sectes, babouvistes,

fourriéristes, saint-simoniennes, cabétistes, proudhonis-
tes , considérantistes , socialistes et communistes du
monde, si leurs froides doctrines sont de nature à ins-
pirer de tels sentiments.

Nous adressons la question suivante à tous les hommes de bonne foi : En dehors de l'élément religieux,
existe-t-il un autre moyen capable de faire naître de telles vertus dans le cœur de l'homme? et sans ces vertus,
peut-on former une société probe, morale, juste,
grande, généreuse? Si ce moyen existe, qu'on veuille
bien nous l'apprendre, et nous nous déclarons vaincu;
mais; jusque là, nous porterons le défi le plus solennel
aux ennemis du christianisme et de la société, de nous
signaler d'autres moyens sérieux pour opérer la moralisation et la régénération des peuples et, par une conséquence rigoureuse, l'amélioration de leur sort.

Nous défions pareillement les ennemis de notre religion de nous désigner, dans l'univers, un coin de pays,
une peuplade où règnent ces vertus, si ce coin de pays,
si cette peuplade ne sont point éclairés par la douce et
vivifiante lumière des doctrines évangéliques.

Nous nous plaignons tous les jours, et cela avec raison, que les lois qu'on nous fait sont mauvaises, mais
comme les lois sont partout et toujours l'expression des
idées et des mœurs, modifiez les idées, réformez les
mœurs, et nous affirmons que bientôt vous serez gratifiés de lois meilleures.

Il demeure donc incontestable, qu'à l'action dissolvante des doctrines anti-sociales et subversives il faut,

de toute nécessité, opposer l'enseignement moral et religieux, dont les classes ouvrières ont presque toujours
été privées. Soulevez aux yeux du peuple un coin de
ce voile qui lui cache ses destinées éternelles au-delà
du monceau de boue que nous habitons, montrez-
lui un Dieu vengeur du crime, un Dieu rémunérateur de la vertu, un Dieu consolateur dans les peines
et les souffrances inséparables de la condition humaine, un Dieu qui se donne lui-même pour récompense au fidèle observateur de ses commandements, et
vous aurez rendu à la société de plus éminents services que tous les politiques, que tous les législateurs,
que tous les hommes d'Etat, que tous les économistes de
l'univers.

Il est constant que, pour moraliser et régénérer les
masses, l'instruction seule ne suffit pas; faire des hommes savants sans faire des hommes moraux, c'est ajouter un degré d'intelligence à leurs vices et leur donner
une plus grande aptitude, pour corrompre les faibles et
les ignorants.

L'enquête qui a été ordonnée après les sanglantes
journées de Juin a constaté que, parmi les quinze mille
insurgés que le gouvernement avait fait incarcérer, les
trois quarts savaient lire et écrire et que plusieurs d'entre eux étaient des hommes distingués par leurs lumières et la variété de leurs connaissances; sans doute,
à nos yeux, tous ces hommes ne doivent pas être assi-
milés aux grands criminels, ni aux assassins; combien
d'honnêtes ouvriers se sont laissés éblouir, fasciner,

tromper, égarer, soit par les meneurs et les ambitieux, soit par les journaux incendiaires, combien d'autres qui, en subissant l'empire de la pression et de la violence, se sont trouvés engagés, malgré eux, dans ces luttes barbares et fratricides !

Une autre preuve non moins concluante des immenses bienfaits dont la doctrine du Christ est la source féconde, c'est la prodigieuse différence de mœurs qui existe entre une nation chrétienne et une nation qui ne l'est pas. Que de choses qui nous choquent chez cette dernière, où l'on vend la liberté, la vie, l'âme, le corps d'autrui comme nous vendons notre chèvre, notre âne, notre bœuf, notre cheval, et où l'on se regarde légitime possesseur de ce qu'on a ainsi acheté ! La plus dégradante servitude, n'est-elle pas la condition commune à la majeure partie du genre humain ? Les hommes ne sont-ils pas considérés comme des choses ? *Non tam homines quàm res ;* nous ne pouvons lire, sans éprouver un sentiment de stupeur et d'effroi ces relations de voyageurs qui nous apprennent que tous les matins, un tombereau parcourt les rues de Pékin, pour recueillir les nouveaux-nés qui ont été exposés sur le seuil des portes pendant la nuit.

Nous sommes donc autorisés à conclure que les vertus publiques et domestiques, qui font la force, la gloire, la prospérité, le bonheur et la durée des empires, ne régneront jamais que parmi les nations foncièrement religieuses, et qu'un peuple sans religion, sera toujours un peuple prêt à briser le joug des lois, à fouler aux pieds les devoirs les plus sacrés et à renverser toutes les institutions sociales.

De même que le monde matériel se briserait et rentrerait soudain dans les abîmes du chaos, si un instant il s'écartait des lois immuables de gravitation qui lui ont été assignées dès le commencement par la main du Créateur, ainsi se briseront les sociétés toutes les fois que, contrairement aux vues de la Providence, elles fouleront aux pieds ces grands principes éternels de religion, de morale, de justice et de vertu, qui sont le fondement de l'édifice social.

CHAPITRE IV.

—

DE LA RÉPRESSION. — SITUATION MORALE DE LA SOCIÉTÉ AVANT JÉSUS-CHRIST. — TRANSFORMATION SOCIALE OPÉRÉE PAR LA DOCTRINE ÉVANGÉLIQUE. — LE CHRISTIANISME DOIT ÊTRE LA BASE DE TOUTES SOCIÉTÉS DÉMOCRATIQUES. — LA LOI HUMAINE N'ATTEINT QUE LES ACTES EXTÉRIEURS. — LA MISÈRE EST UN DES ENNEMIS LES PLUS DANGEREUX DES SOCIÉTÉS. — LA RÉPUBLIQUE EST LA FORME DE GOUVERNEMENT LA PLUS PARFAITE.

—

Il n'y aura jamais dans le monde que deux sortes de répression : l'une intérieure qui s'exerce par la religion, l'autre extérieure qui s'exerce par la politique. Or, bien que ces deux répressions aient entre elles une évidente connexité et tendent vers un même but, qui est la morale, cependant l'on peut affirmer que la répression politique sera d'autant moins grande que la répression religieuse aura plus d'empire et de puissance dans les cœurs ; telle est la loi du genre humain.

Pour démontrer cette thèse jusqu'à l'évidence, nous n'avons pas grands efforts à faire, il suffit d'ouvrir les annales de l'histoire, qui attestent l'antique ignorance, la profonde dégradation de l'espèce humaine, trouvant dans le culte de ses divinités l'apologie de ses faiblesses, de ses désordres, de ses excès, de sa bassesse et de tous ses crimes.

Avant Jésus-Christ, on avait vu rayonner sur la terre de grands génies, les sages de la Grèce et de Rome, les célèbres philosophes du Lycée et du Portique.

Thalès, Hérodote, Thucydide, Pindare, Sophocle, Euripide, Socrate, Platon, Périclès, Démosthènes, avaient brillé de tout l'éclat de leur génie. Rome avait vu ses Numa Pompilius, ses Caton, ses Cicéron, ses Scipion, ses Horace, ses Virgile, ses Jules-César, ses Tacite, ses Pline, ses Tite-Live, ses Salluste.

La plupart de ces grands hommes avaient, il est vrai, enseigné quelques vérités utiles au genre humain, mais leurs doctrines étaient-elles toujours exemptes d'erreur? Non.

Ces célèbres chefs-d'œuvre de la Grèce et de Rome ne se sont pour ainsi dire conservés que pour immortaliser les aberrations, les égarements et là folie de l'homme livré à ses propres forces.

Voyez, sous le rapport moral, quel sordide et hideux spectacle nous présente le monde avant la venue du Christ ; voyez ce qu'était la société avant la répression intérieure, c'est-à-dire la répression religieuse ; chez les grands, la plus insolente et la plus cruelle tyrannie ; chez les faibles, le plus abject et le plus triste esclavage ; chez tous, la plus avilissante corruption ; la loi du talion en honneur, dent pour dent, œil pour œil, membre pour membre ; les femmes soumises à la plus dure servitude, les pères ayant droit de vie et de mort sur leurs enfants, et les maîtres sur leurs esclaves ; Caton, le grave Caton, spéculant sur la pudeur des jeunes filles devenues sa propriété ; la polygamie, le divorce, la jalousie, la vengeance, le vol, le meurtre, l'inceste, l'infanticide, tous les crimes les plus révoltants exerçant les ravages les plus affreux.

Jésus-Christ apparaît sur la terre et proclame la liberté, l'égalité, la fraternité ; menaçant le vice de justes châtiments, il promet à la vertu de magnifiques rémunérations, et au malheur d'indicibles consolations ; sa doctrine ne distingue ni juifs, ni gentils, ni grecs, ni barbares, ni patriciens, ni plébéiens, ni grands, ni petits, ni riches, ni pauvres, ni maîtres, ni esclaves.

De même que le soleil éclaire de ses rayons bienfaisants l'infime vallon et la cime la plus altière des montagnes, ainsi la doctrine du Christ, dans sa sublime simplicité et dans son immense charité, embrasse tous les hommes comme des frères qu'elle doit christianiser, humaniser, moraliser, régénérer ; ces dogmes d'origine céleste n'avaient jamais fait ressentir au monde leurs heureuses influences, avant la venue du Fils de Dieu ;

ce fait est avoué, reconnu et acclamé par tous, par les démagogues eux-mêmes, qui saluent dans Jésus l'homme divin, car c'est ainsi qu'ils l'appellent, en se posant comme les continuateurs de son œuvre. Eux, les continuateurs de l'œuvre du Christ, grand Dieu! eux qui, dévorés par l'ardente soif de l'ambition et des honneurs, veulent à tout prix arriver au pouvoir, eux, artisans d'anarchie, de vengeance, de larmes, de sang, de deuil, de désolations et de ruines, eux, les continuateurs de Celui dont tous les pas furent marqués par des bienfaits, de Celui qui n'ouvrit la bouche que pour bénir, soulager et guérir, de Celui qui, pendant sa vie mortelle, fut la lumière du monde par sa doctrine, et le modèle par ses vertus, de Celui qui seul a eu le droit d'élever la voix au milieu de l'univers et de prononcer, sans ostentation comme sans orgueil, ces magnifiques paroles : *Ego sum veritas et vita*, — *Je suis la vérité et la vie;* de Celui qui, armé de la mystérieuse puissance de son Père, consomma sans verser une seule goutte de sang que le sien cette étonnante révolution morale, cette prodigieuse transformation sociale, à la pensée de laquelle l'esprit humain s'arrête comme anéanti. Oui, l'histoire sacrée s'accorde avec l'histoire profane pour nous apprendre que dans l'univers antique, où tous les crimes étaient divinisés, et où la répression religieuse n'existait pas, la répression politique poussa ses fureurs jusqu'à la plus odieuse tyrannie, et jusqu'à la plus barbare cruauté. Il y a dix-huit siècles, une seule nation isolée, et pour ainsi dire ignorée du reste du monde entier, adorait le vrai Dieu; l'univers n'était plus qu'un vaste temple d'idoles où chaque passion, en se déifiant, avait élevé ses autels; l'homme se prosternait devant les statues que façonnait son ciseau, devant les plantes qu'il faisait éclore dans ses champs et ses jardins, devant les animaux qui rampaient sur la terre, devant les astres qui sillonnent le firmament.

Ce n'était pas seulement les nations barbares qui étaient tombées dans cette nuit profonde; les nations les plus policées, qui brillaient par les lettres, les sciences, les arts, l'esprit, l'urbanité, la sagesse de leurs lois, étaient plongées dans ces immenses ténèbres d'ignorance et de superstition.

Qui oserait faire le récit des infamies qui se commettaient dans ces célèbres fêtes appelées bacchanales, saturnales, lupercales, mégalésies, panathénées? je souillerais ma plume et les oreilles de mes lecteurs, en racontant ce qui se passait dans les temples de Cupidon, d'Adonis, de Cybèle, de Priape, de Junon, de Flore. Quels dieux, qu'on ne pouvait adorer que par des cruautés et des infamies? quels dieux, qu'un Bacchus ivrogne, un Mercure voleur, une Vénus prostituée, un Jupiter incestueux, un Mars et une Pallas sanguinaires!

L'histoire nous apprend qu'avant Jésus-Christ, tous les peuples de la terre ont immolé à leurs dieux des victimes humaines; quels excès, quelle immoralité dans les familles! quelle odieuse oppression la polygamie et le divorce exerçaient sur la femme! Quelle barbarie dans les jeux, dans les spectacles, dans les combats des gladiateurs, où l'on voyait des hommes s'entr'égorger par centaines pour le plaisir de spectateurs avides d'é-motions! quelle cruauté dans les guerres! quelle mons-truosité dans la législation à l'égard des esclaves!

A peine le monde est-il éclairé de la lumière évangé-lique, que nous voyons la répression religieuse exercer sa salutaire influence, et la répression politique atténuer ses rigueurs et sa puissance, et enfin disparaître.

Pour conquérir le monde et transformer la face des nations, le Christ forma avec ses disciples une alliance qui n'avait d'autres fondements, d'autres liens que l'a-mour du Maître pour ses disciples et l'amour des dis-ciples pour le Maître.

Plus de sacrifices humains; les lois sont plus douces et les hommes plus soumis; cette cruelle maxime : *Væ victis*, — *Malheur aux vaincus*, est répudiée par les vainqueurs devenus plus humains; les gentils, convertis au christianisme, voient des frères, dans les hommes qu'ils n'avaient considérés jusque là que comme de vils animaux. L'on voit se briser ce joug humiliant pour la moitié de l'espèce humaine, la condition de la femme chrétienne est améliorée, la polygamie, le divorce, l'expo-sition des enfants nouveaux-nés et le meurtre de ceux qui naissaient faibles, difformes, rachitiques, disparaissent.

La doctrine évangélique change, transforme, renou-velle la société de fond en comble; le genre humain, animé d'un esprit nouveau, commence à penser, à juger, à aimer, à agir, tout autrement que n'avaient pensé, jugé, aimé, agi les païens.

Les historiens nous enseignent que, jusqu'au règne de Constantin, la répression extérieure fut à peu près nulle ; les premiers chrétiens n'avaient pas même de magistrats, ils n'avaient pour régler leurs différends que d'amiables pacificateurs.

A mesure que les chrétiens se relâchèrent, la force de gouvernement alla croissant avec la corruption.

Arrivèrent les temps féodaux, dont les mœurs, déjà dégénérées, nécessitèrent une répression politique plus efficace, puisque la répression religieuse avait déjà perdu de son ascendant sur les âmes.

Au commencement du 16e siècle apparut Luther, qui, après avoir secoué le joug du Saint-Siége, proclama ses trop fameuses et fatales doctrines qui armèrent les uns contre les autres plusieurs peuples de l'Europe.

Cette hérésie fut la plus artificieuse, la plus funeste, la plus terrible qui ait attaqué l'Eglise depuis l'arianisme. L'Évangile de ce nouvel apôtre, si favorable aux penchants corrompus de la nature humaine, produisit nécessairement un relâchement sensible dans les mœurs, ce qui contraignit les gouvernements, en multipliant le nombre des agents de police, des gendarmes, des juges et des prisons, à élargir le cercle de la répression extérieure.

Personne n'ignore que les pasteurs protestants furent les premiers à prêcher l'absolutisme des rois, et que le trop fameux Henri VIII, mettant à profit ces funestes leçons, fit de cette odieuse et liberticide politique une large application à l'ordre social. A toutes ces causes de décadence, d'immoralité, de désorganisation, vint se joindre la philosophie du 18e siècle qui, pendant de longues années, travailla sans relâche à miner les fondements de la religion; elle réussit à souffler l'esprit d'indépendance et d'impiété dans toutes les conditions de la société, et à saper les bases de l'autorité, en l'avilissant dans les intelligences et dans les cœurs.

Pour une société sans foi, le principal mobile des actions doit être l'argent, les jouissances matérielles: c'est son droit incontestable, c'est son devoir logique, parce que c'est son unique bonheur, sa suprême félicité. Aussi les doctrines philosophiques et communistes découlent-elles de l'irréligion, comme de leur source naturelle.

Lorsque vous avez enseigné aux masses qu'une autre vie au-delà du tombeau est une chimère, qu'il n'y a et qu'il ne peut y avoir de vrai bonheur, de véritable félicité que dans les jouissances de la vie présente, étonnez-vous donc que le peuple se démoralise, se matérialise, et tourne des regards avides vers vos richesses? Vous lui avez tant de fois répété sur tous les tons que tous les hommes, étant les enfants d'un même père, avaient droit à une part égale de bonheur, et que la richesse était le seul et unique moyen de se procurer la félicité sur la terre, que le peuple a été plus logique que vous, qu'il a tiré une conséquence rigoureuse des prémisses que vous lui aviez si imprudemment posées, et s'est fièrement écrié avec sa grande et terrible voix : Donc je dois me procurer de l'argent et des richesses, pour jouir du bonheur ici-bas. Hommes inconséquents, pourquoi donc trouvez-vous étrange que ce peuple, que vous avez dépouillé de sa foi, et conséquemment de l'espérance d'une vie réparatrice, et de tout ce qui pouvait lui offrir un sujet de résignation et de consolation dans ses maux physiques et ses angoisses morales, pourquoi trouvez-vous étrange qu'il veuille, à son tour, vous dépouiller de ces richesses, de ces biens qui seuls, suivant vous, peuvent faire la félicité dans cette vie? Pourquoi voulez-vous que ces malheureux, dans le cœur desquels vous avez jeté les délires de l'ambition, n'approchent pas à leur tour leurs lèvres de la coupe du bonheur, ne prennent pas pour eux la graisse de la terre, et ne se couvrent point des gloires passagères de ce monde?

Nous défions l'homme le plus distingué par ses lumières, par les ressources de son esprit, par son éloquence et par son génie, de pouvoir réfuter sérieusement et d'une manière péremptoire les théories socialistes, sans le secours des principes chrétiens, en dehors desquels, loin de trouver un remède à nos maux, vous ne rencontrerez qu'égoïsme, convoitise, ambition, orgueil, haine, désordre, barbarie, corruption et misère; non, il n'y a que la doctrine du Christ qui soit capable de sauver les sociétés modernes. Cette vérité qui, aux yeux de tout homme qui n'est point le jouet des préjugés et des passions, brille comme un soleil, finira par convaincre les esprits les plus rebelles et par triompher des sophismes, du mensonge et de l'erreur.

Nous pensons conséquemment que toutes les mises en état de siége, toutes les lois contre le droit de réunion, contre la liberté de la presse, contre la liberté d'enseignement, en un mot, toutes ces mesures liberticides de coërcition, dût-on ressusciter les lois de septembre d'odieuse mémoire, ne seront que des palliatifs contre le mal qui travaille et ronge la société. Toutes ces digues éphémères, élevées pour arrêter le torrent impétueux des doctrines subversives et des passions mauvaises, se trouveront rompues tôt ou tard sous l'effort incessant de la vague destructive; eh! mon Dieu! elles auront le sort de toutes les barrières plus ou moins solides, plus ou moins durables, qui ont été construites à grands frais par nos anciens législateurs qui, pour gouverner les nations, ont cru pouvoir se passer de l'élément religieux, et n'avoir besoin que d'habileté, de finesse, de talent, d'esprit et d'éloquence, pour donner au monde l'ordre et la tranquillité.

Qu'une société se décore du nom de monarchie absolue, de gouvernement tempéré, ou de république, elle n'aura jamais d'autres fondements solides que les croyances et la moralité. C'est en vain que les gouvernements chércheront dans le despotisme, dans la force matérielle, dans les majorités parlementaires, des bases inébranlables, ils ne les trouveront point; ils seront donc contraints de vivre d'expédients au jour le jour, et de recourir à l'astuce, ou à la violence, pour obtenir pendant un jour ou deux ce que les principes auraient pu leur donner pour toujours, c'est-à-dire le respect aux lois, la confiance, la paix et la sécurité.

L'ordre matériel pourra bien ajourner pendant plus ou moins de temps les catastrophes imminentes, mais l'ordre moral seul a le pouvoir de réparer les anciennes, et de prévenir celles dont nous sommes menacés. Ce n'est qu'à l'ombre du christianisme que règneront d'une manière durable l'ordre et la liberté; sans lui,, cet ordre, cette liberté, ne seront jamais qu'une fiction, une illusion, une contradiction, une impossibilité, un malheur.

N'est-ce pas, en effet, le christianisme qui a inauguré dans l'univers ces beaux principes de liberté, d'égalité, de fraternité, que notre République a solennellement proclamés et qu'elle a inscrits sur son drapeau?

Le christianisme doit être la base et le fondement de toutes nos sociétés modernes, principalement d'une société démocratique, car c'est lui et lui seul qui sera le palladium de nos libertés.

Comme les lois sont sans force où les mœurs sont énervées, nous avons tous intérêt et mission de protéger et de défendre cette religion évangélique, puisqu'elle est la dernière et la seule digue contre le torrent des théories socialistes et, si elle est bien comprise, le plus ferme appui de la démocratie moderne.

Quand on a jeté de côté la croix, il faut se servir du sabre. La répression brutale, l'oppression odieuse, voilà les tristes mais suprêmes et indispensables ressources d'une société agonisante.

Nous sommes loin de condamner cette répression extérieure, qui est sans nul doute indispensable, mais il ne faut pas se faire illusion, car que doit-on et que peut-on espérer d'une société qui n'a plus pour frein que des lois répressives?

La loi humaine n'atteint que les actes extérieurs, consommés, ou en voie de perpétration, elle ne peut descendre dans les consciences pour en apprécier le degré de culpabilité, elle ne prévient point dans les cœurs le désir du crime, elle se borne à couper la mauvaise herbe et en laisse subsister la racine. Qui ne comprend combien la loi civile sera efficace, toutes les fois qu'elle aura pour puissant auxiliaire une loi préventive d'origine divine qui, descendant dans les âmes, y exerce un empire souverain, prévient les actions criminelles, dont elle interdit jusqu'à la pensée ?

Nous jouissons des immenses bienfaits qu'elle nous procure ; sans nous en apercevoir, tous les sentiments de libéralité, de générosité, d'indulgence, d'abnégation, de dévouement, de sacrifice qu'elle inspire, toutes les haines qu'elle éteint dans les cœurs, toutes les passions qu'elle dompte, toutes les souffrances qu'elle fait accepter, toutes les larmes qu'elle tarit, toutes les consolations qu'elle verse dans les âmes, échappent à nos regards, et son action, comme cette mystérieuse et vivifiante chaleur qui donne la vie à la nature, pour être latente, n'en est pas moins réelle.

Nous avons beau jeter les regards autour de nous, nous n'apercevons rien de bien rassurant pour l'avenir de la société ; au lieu de ces sentiments de fraternité, de désintéressement, d'abnégation, de sacrifice, de dévouement, au lieu de ces vertus domestiques qui font le bonheur et la félicité des familles, au lieu de ces vertus politiques qui font la force, la grandeur, la prospérité des nations, nous n'apercevons qu'un dégradant égoïsme, implanté dans tous les cœurs par cette philosophie pyrrhonienne qui, de son souffle glacial, empoisonne et détruit dans les âmes le germe des sentiments nobles, grands, généreux, héroïques, qui font le bon citoyen, le bon père, le bon fils, le bon époux, et qui, en rendant les familles et les individus vertueux et compatissants, font les grandes nations.

Devons-nous nous livrer à une joie pure, sans trouble et sans inquiétude pour l'avenir, dans des circonstances où les événements donnent un démenti solennel aux prévisions humaines, quand le lendemain vient nous convaincre que nous étions dans l'erreur la veille, quand, au sein de ce tourbillon social, nous nous sentons emportés comme malgré nous, par une force mystérieuse que quelques-uns attribuent au hasard, et que nous, chrétiens, nous attribuons à la Providence.

Nous ne voulons pas faire la part de nos erreurs et de nos torts, nous ne voulons point nous avouer à nous-mêmes que nous avons été les complices de nos ennemis et que nous avons poussé la démence jusqu'à creuser de nos propres mains l'abîme sur lequel nous sommes penchés en ce moment ; nous avons conspiré avec nos ennemis, contre nous-mêmes, par nos institutions, par nos lois, par notre système d'enseignement public, par notre mode de centralisation excessive, par nos mœurs, par nos idées.

De même que l'homme privé doit subir les conséquences de ses fautes privées, ainsi les hommes, lorsqu'ils pèchent collectivement, méritent aussi d'être punis collectivement, c'est-à-dire comme nation.

Il faut, pour l'instruction de l'humanité, que les crimes des nations retombent sur elles-mêmes.

Depuis le 24 Février, nous avons vu souvent, hélas! trop souvent l'émeute mugir et exercer ses fureurs, non seulement à Paris, mais encore dans nos principaux centres de population, et cependant ce n'est pas l'émeute qui est le plus dangereux ennemi des sociétés, car l'émeute n'est ordinairement que le résultat de la misère; aussi pensons-nous que pour détruire l'effet, il faut anéantir la cause; c'est la misère qui aigrit, irrite les esprits et les cœurs, c'est la misère qui, le désespoir dans l'âme, la sombre fureur dans le regard, la malédiction et le blasphème sur les lèvres, met au service des ambitieux et des intrigants une armée toujours prête à livrer bataille, car l'homme qui a besoin et qui souffre prêtera toujours une oreille crédule et docile à celui qui lui promettra un terme à ses besoins et à ses souffrances.

Sans doute, nous verrons toujours des individus et des familles entières en proie aux horreurs de l'indigence, puisque depuis que le monde existe il y a eu des pauvres et que, suivant la parole de Dieu, il y en aura toujours, car la paresse, la débauche enfanteront toujours l'indigence, et si presque toujours la misère produit l'immoralité, l'immoralité à son tour engendre presque toujours la misère, voilà le cercle vicieux duquel tous les systèmes des Fourrier, des Proudhon, des **Considérant**, des Cabet, des Louis Blanc, ainsi que de tous les économistes du monde, ne nous sortiront jamais.

La République, qui a voulu fermer à jamais le gouffre des révolutions en proclamant le suffrage universel, est la suprême réforme politique à laquelle une nation libre et intelligente puisse aspirer. En vertu du suffrage universel, nous sommes, pour ainsi parler, tous membres du gouvernement, investis d'une partie du pouvoir, nous assumons tous une part de responsabilité, nous devons tous agir.

La République est de toutes les formes gouvernementales celle qui est la plus parfaite, la plus favorable à la liberté des peuples et la plus propre à propager ces idées évangéliques : liberté, égalité, fraternité, mais aussi celle qui demande le plus de désintéressement, d'abnégation, de dévouement, de patriotisme ; car si ce mode de gouvernement fait aux citoyens une plus large concession de libertés, ces libertés ne doivent être que le droit de faire une plus grande somme de bien à ses semblables ; si la République est une diminution d'autorité publique, il faut nécessairement que cette diminution d'autorité publique soit compensée par une augmentation de vertus privées, sans quoi il n'y aura jamais de vraies sociétés républicaines possibles.

Nul homme au monde, prince ou bourgeois, n'aura jamais, ni par prérogative de naissance, ni par la force matérielle, le droit d'imposer à une nation un mode de gouvernement qui n'aurait point ses sympathies; c'est au peuple et au peuple seul, qu'il appartient de se donner le régime politique qu'il jugera le plus convenable; porter atteinte à ce droit naturel, sacré, imprescriptible des peuples, est à nos yeux un crime de lèse-nation : l'histoire nous apprend qu'il y a eu des monarchies bien plus libérales que certaines républiques, et *vice-versâ*.

M. Proudhon a dit : « La République est au-dessus du suffrage universel; » voilà du moins ce qui s'appelle de la naïveté; nous savions depuis longtemps, citoyen prétendu démocrate, que vous professiez une assez mince estime pour le suffrage universel, qui, à vos yeux, n'a jamais été considéré que comme un instrument au service de votre ambition. D'après vos principes, la République devrait donc être imposée partout, même aux nations qui n'ont pour elle que de l'antipathie; entre vous républicains quand même, et vous monarchistes pur sang, pour qui la royauté est un dogme supérieur aux droits des nations, nous nous plaçons, avec toute l'énergie d'une conviction que rien au monde ne saurait ébranler, dans un juste milieu comme dans le sanctuaire de la vérité. A nos yeux, la République comme la Monarchie n'est qu'une forme, et le meilleur des gouvernements est celui que se choisit, librement une nation, car les formes de gouvernement doivent s'adapter aux peuples, et non les peuples aux formes de gouvernement. Nous pensons que la forme républicaine est celle qui répond le plus aux besoins d'un peuple intelligent et civilisé, mais la France, qui a adopté le régime républicain, ne l'aimera qu'autant qu'on lui apprendra à l'aimer; il dépend en ce moment du Pouvoir et de nos représentants de faire que la France éprouve pour la République un amour sincère ou une vive répulsion ; car, malgré les partis qui la divisent, elle s'attachera à la République, comme le naufragé s'attache à sa dernière planche de salut, puisqu'elle a tenté infructueusement tous les modes de gouvernement; mais pour cela, il faut que la République soit juste, modérée et honnête; la France la détestera, au contraire, si elle est arbitraire, violente, anarchique, sanguinaire.

CHAPITRE V.

NOS MAUVAIS JOURS NE SONT PAS ENCORE PASSÉS. — L'ON N'A RIEN FAIT DE SÉRIEUX POUR L'AMÉLIORATION MATÉRIELLE DU SORT DU PEUPLE, NI POUR SON ÉDUCATION, NI SA RÉGÉNÉRATION MORALE. — IL Y A TROP DE FONCTIONNAIRES EN FRANCE. — SOUVERAINETÉ DU PEUPLE. — NOS REPRÉSENTANTS ACTUELS SONT DANS L'IMPOSSIBILITÉ ABSOLUE D'APPORTER UN REMÈDE EFFICACE AU MAL IMMENSE QUI TRAVAILLE LA SOCIÉTÉ. — LIBERTÉS PRIMORDIALES.

Les partis ont déposé les armes, il est vrai : nous jouissons d'une trève qui nous laisse respirer, mais gardons-nous de nous faire illusion, car les mauvais jours ne sont pas encore passés, les mauvaises passions, non plus que les mauvaises doctrines, ne se tiennent point pour irrévocablement vaincues, et ne le sont point en effet; elles agitent leurs serpents dans l'ombre, elles attendent nos fautes jusqu'à ce qu'elles puissent descendre avec quelques chances de succès dans la rue, y élever des barricades et renouveler cette lutte impie et fratricide de Juin 1848, dont nos annales et celles des nations civilisées n'offrent point d'exemple.

Parmi toutes ces grandes questions sociales qui ont été soulevées, nous n'en voyons aucune dont la solution ait été donnée : a-t-on opéré ce rapprochement, cette réconciliation si désirable entre le pauvre et le riche? Non; a-t-on fait quelque chose de sérieux, de durable, pour l'amélioration du sort du peuple? Non; pour son éducation et sa régénération morale? Non ; a-t-on encouragé par des primes et une réduction d'impôts, l'agriculture, cette mère nourricière des nations? Non; a-t-on réduit les patentes, si onéreuses pour les ouvriers et les petits commerçants? Non ; a-t-on décentralisé le pouvoir administratif et concédé au département et à la commune une plus grande somme de libertés? Non; a-t-on favorisé le suffrage universel, en votant à la commune? Non ; au contraire, il se trouve scindé, mutilé; a-t-on imposé les créances hypothécaires? Non ; les créances chirographaires? Non; les rentes sur l'Etat? Non; et en général, toutes les richesses mobilières? Non; a-t-on imposé les chevaux et les voitures de luxe? Non; a-t-on supprimé tous les emplois inutiles? Non ; a-t-on réduit le personnel dans les administrations? Non; a-t-on réduit les appointements scandaleux des hauts fonctionnaires? Non.

« Nous avons cependant en France dix fonctionnaires

qui ont un traitement de 100,000 francs et au-dessus ; ce sont deux ambassadeurs à 300,000 francs ; un à 200,000 ; un à 170,000 ; deux à 120,000 ; deux à 100,000 ; deux ministres à 100,000.

Nous avons 29 fonctionnaires à 50,000 francs et au-dessus ; 17 à 40,000 et au-dessus ; 43 à 30,000 et au-dessus ; 133 à 20,000 et au-dessus ; 78 à 18,000 et au-dessus ; 175 à 12,000 et au-dessus ; 26 à 11,000 et au-dessus ; 349 à 10,000 et au-dessus ; 276 à 9,000 et au-dessus ; enfin 750 représentants à 9,000 francs. Ce qui fait, pour 1,136 fonctionnaires publics, un traitement annuel d'environ 24,100,000 francs, à laquelle somme nous ajoutons 6,750,000 francs pour nos représentants, ce qui produit un total de 30,850,000 francs, laquelle somme partagée entre 1,886 citoyens, y compris nos députés, donne une moyenne de 16,357 francs 37 centimes.

Ces chiffres ne parlent-ils pas plus haut que tous les discours que l'on pourrait faire en faveur du maintien de traitements aussi exorbitants ?

Ajoutez à cela qu'un très-grand nombre de ces gros fonctionnaires, de ces êtres privilégiés, de ces vampires de la nation, reçoivent des indemnités pour frais de bureau, de représentation, et sont en outre logés aux frais de l'Etat. »

Le nombre des fonctionnaires payés est actuellement de 535,365. Ce qui a fait dire à un économiste célèbre « que la France avait deux grandes armées à peu près d'égale force, l'une qui tient la plume, l'autre qui tient l'épée; sur 16 hommes en France, il y a un fonctionnaire public payé, et, si on compte les soldats et les marins, sur neuf hommes, il y en a plus d'un qui vit sur les budgets de l'Etat, des départements ou des communes. »

Ces fonctionnaires finissent tous par regarder comme chose impossible de faire autrement et de faire mieux que ce qu'ils ont toujours fait; avec eux, la routine est souveraine, et la destruction des abus impossible.

Nourris des préjugés étroits de leurs professions, ils font aujourd'hui ce qu'ils ont fait hier, et feront demain ce qu'ils ont fait aujourd'hui. Ils sont loin de penser que, sous un gouvernement démocratique, on doit considérer les emplois publics et les dignités comme une charge, et les premiers fonctionnaires comme les premiers serviteurs du peuple.

Serait-ce donc par suite d'une trop grande préoccupation de leurs intérêts privés que nos honorables représentants, presque tous riches, presque tous détenteurs de rentes sur l'Etat, ou de créances hypothécaires ou de créances chirographaires, éluderaient ou ajourneraient la solution de ces graves questions? Nous l'ignorons.

Hélas! une telle pensée est assurément bien de nature à attrister l'âme, surtout quand on se rappelle que la grande majorité des candidats à la députation promettait de demander une réduction sur le chiffre hyperbolique de neuf mille francs, alloué à chacun de nos représentants, et quand on se rappelle que l'intérêt personnel fit repousser cette proposition d'une si haute moralité, et dont la généreuse adoption eût produit un effet salutaire sur la nation tout entière, en flétrissant l'égoïsme de ceux qui font de la dignité de représentant un objet de dégradante spéculation.

Sous une République vraiment démocratique, le pouvoir exécutif ainsi que ses agents, et tous les fonctionnaires publics, en général, doivent bien se pénétrer de cette pensée qu'ils sont là non pour s'enrichir, mais pour servir leur pays, non pour commander, mais pour obéir, qu'ils doivent prêter l'oreille à cette grande, imposante, solennelle voix du peuple, pour exécuter ses volontés souveraines ; du moins, c'est ainsi que nous entendons la République ; nous savons, hélas ! qu'elle n'est pas comprise ainsi par un grand nombre de personnes, mais nous soutiendrons envers et contre tous que ce sont là les vrais principes démocratiques, et qu'un gouvernement républicain, s'il veut se maintenir, ne doit avoir d'autre boussole de conduite que l'opinion publique, et ne doit faire appel qu'à ce seul tribunal.

Est-ce donc que la souveraineté du peuple n'implique pas nécessairement la souveraineté du droit, de la justice, de la morale et de la raison? Citez-moi donc, si vous le pouvez, une seule question politique dont la souveraineté du peuple ne puisse donner la solution? Politiquement parlant, la souveraineté du peuple est le critérium de la vérité, c'est la lumière qui brille dans les ténèbres, c'est à cette lueur et à cette lueur seule que nos gouvernants et nos législateurs peuvent et doivent marcher; hors d'elle, ils ne nous donneront qu'inconséquences, contradictions, injustice, arbitraire, tyrannie, chaos.

Oui, si pour la révision partielle ou totale de la Constitution, si pour la prolongation des pouvoirs du Président, si pour d'autres questions importantes, ils entendent se passer de ce pilote si infaillible, de ce fanal si sûr, ils iront indubitablement échouer sur les écueils du despotisme, où ils périront, en entraînant avec eux la France dans un naufrage universel, et cela pour ne pas avoir compris qu'aucune puissance au monde ne peut prévaloir ni prescrire contre le droit éternel des nations.

Mais, me dira-t-on, pourquoi voulez-vous que nos chambriers actuels, tous gens très-honorables, sans doute, aux yeux du monde, pour lesquels, noûs avons nous-mêmes une haute estime et une parfaite considération, mais dont la plupart sont ou hommes de parti, ou voltairiens, ou sceptiques, ou matérialistes, ou rationalistes, ou éclectiques, ou panthéistes, pourquoi voulez-vous exiger des lois d'abnégation, de fraternité, de dévouement, d'amour, de sacrifice, de ces hommes qui sont esclaves de leurs intérêts matériels et dénués de ces principes chrétiens, de ces motifs surnaturels qui seuls sont capables de faire naître dans le cœur humain les sentiments de charité évangélique?

De bonne foi, pourquoi voulez-vous que nos hommes d'Etat actuels fassent au mal qui ronge notre société purulente l'application d'un remède dont ils n'ont pas l'intelligence, et dont ils ne connaissent pas même l'origine?

Pourquoi demandez-vous à ces mêmes hommes, dont le cœur est pétrifié par l'égoïsme et l'esprit gangrené par le scepticisme, la solution de ce redoutable problème social, l'amélioration du sort des classes souffrantes, puisqu'ils ne le comprennent point? L'avenir dira si nous nous sommes trompé, mais nous pensons qu'il n'est pas un seul de tous les remèdes actuellement proposés qui soit de nature à guérir le mal immense dont la société est travaillée. Pour améliorer le sort de tous : il faut que chacun fasse son devoir dans sa sphère, sans cela, vous forgerez vainement des lois, elles seront ou mauvaises ou stériles. Ce sera en vain que par de nouvelles institutions, par de nouveaux décrets, par de nouvelles lois, par une nouvelle Constitution, ou par une Constitution modifiée, par une prolongation de pouvoir au Président, par un retour à la monarchie, vous donnerez une satisfaction même légitime à tous les intérêts matériels; ce sera en vain que vous vous efforcerez de diminuer la somme des infortunes, des misères, des souffrances et des larmes, vous aurez toujours, suivant la parole du Christ, des pauvres parmi vous, des hommes qui, par conséquent, n'auront d'autres ressources pour vivre que leur travail, ou l'assistance de leurs frères, pourrez-vous donner du travail à tous? et lors même que vous le pourriez, vous ne parviendrez jamais à satisfaire ces hommes qui veulent un bien-être sans travail, des plaisirs sans labeur et des jouissances sans peine; n'est-ce pas cependant ce que vous leur avez promis? Et quant à ces hommes anti-religieux qui, fuyant le travail comme leur plus grand ennemi , consomment la majeure partie de leur temps dans la fumée et les discussions tumultueuses de l'estaminet, quelquefois même dans les orgies de la débauche, nous concevons très-bien que, perdus de vices et accablés de dettes, ils ne soient jamais contents de l'ordre de choses établi, quel qu'il soit; et quelle réponse avez-vous à faire à tous ces prolétaires qui, comme les heureux du siècle , veulent aussi s'asseoir au banquet de la vie? aurez-vous des places à donner à tous? aurez-vous des fleurs pour couronner toutes les têtes? aurez-vous à votre disposition une somme de félicités assez grandes pour en remettre une part satisfaisante à tous ceux qui sont avides de bonheur, et auxquels vous avez inspiré, suggéré par vos décevantes promesses , des désirs insatiables? Vous ignorez donc qu'il existe dans le cœur de l'homme un levain d'orgueil qui l'excite sans cesse à s'élever, un germe d'envie qui lui rend toute supériorité gênante, et un fond d'égoïsme qui, en rapportant tout à lui, détruit souvent tout sentiment d'abnégation et de dévouement envers ses frères? Voilà le cœur humain, dans lequel trois cordes vibrent sans cesse : l'amour de la gloire, des richesses et du plaisir; en cela, nous ne sommes peut-être pas de l'avis de certains optimistes, qui font l'homme meilleur qu'il n'est en réalité.

Avant tout, inspirez à l'homme des sentiments d'humilité, alors il se contentera de sa condition, si modeste, si obscure qu'elle soit; gravez dans son cœur en caractères ineffaçables ce précepte divin : Tu ne déroberas point le bien d'autrui ; enseignez-lui ce commandement qui impose à l'homme la rigoureuse obligation de travailler, car le travail est ici-bas le partage de l'homme déchu ; faites-lui voir dans le malheureux couvert de haillons et grelottant de faim et de froid, un frère qu'il doit aimer, soulager, nourrir et vêtir ; faites naître de bonne heure dans le cœur de l'enfant ces sentiments de fraternité, de charité, d'amour pour ses semblables, ces sentiments d'espérance, de résignation, de courage, de vertu, d'héroïsme, qui le soutiendront contre les douleurs, les souffrances, les déceptions, les épreuves, les misères inséparables de la pauvre humanité, répétez-lui sans cesse qu'au-delà de cette vie il y a sa véritable patrie ; apprenez-lui à connaître, à aimer, à servir l'ineffable rémunérateur de tout bien, qui a préparé à l'homme vertueux de magnifiques et indicibles récompenses ; car c'est lui qui a proclamé ce sublime barbarisme : *Beati qui lugent*, — Bienheureux ceux qui pleurent.

Par ces moyens et ces moyens seuls, la République triomphera des doctrines subversives, comprimera les mauvaises passions, domptera les ambitions, fera renaître la confiance, rétablira l'équilibre du budget, guérira toutes les blessures, fera fleurir de nouveau les sciences et les arts, rendra au commerce son activité, aux transactions la sécurité, raffermira l'édifice social ébranlé jusque dans ses fondements, donnera satisfaction à tous les intérêts et à tous les besoins légitimes, et accordera la liberté de conscience, la liberté d'enseignement, la liberté de la presse, la liberté d'association.

La grande faute de nos hommes d'Etat du régime déchu a été surtout de ne pas comprendre que, la liberté est le fondement le plus solide des dynasties ; ils subissaient la liberté sans l'aimer, ils ne voulaient point comprendre que toutes les libertés sont sœurs solidaires, et qu'admettre d'un côté la liberté de la presse, et de l'autre repousser la liberté d'enseignement, était la plus monstrueuse des inconséquences, puisque l'on ne peut accorder la liberté de la presse, qui n'est autre chose que la liberté d'écrire, sans concéder en même temps la liberté d'enseignement, qui n'est autre chose que la liberté de parler; ces deux libertés, sœurs jumelles, n'ont qu'une seule et même origine, qui est la liberté de conscience; ou il faut supprimer brutalement la liberté de penser, ou il faut la laisser se manifester librement sous toutes ses formes, car la liberté de penser implique rigoureusement la liberté de croire, la liberté de parler, la liberté d'écrire, la liberté d'enseigner.

Ai-je besoin de recourir à vos Constitutions, à vos lois organiques, à vos décrets, pour savoir si je suis libre de penser, de parler, d'écrire, d'enseigner, non, mille fois non ; pour savoir si je suis libre, je pose ma main sur mon cœur et je réponds affirmativement, non point en vertu de vos Constitutions, de vos lois, de vos décrets, mais en vertu de mon titre d'homme et de mon titre de citoyen, en vertu de ce droit primordial, naturel, qui est antérieur et supérieur à toutes vos lois passées, présentes et futures.

Pendant longtemps on a entravé ces libertés naturelles qui, reconnues du logicien, n'ont nullement besoin de la sanction législative, et pour ne parler ici que d'une seule de ces libertés, celle de l'enseignement (l'on pourrait en dire autant des autres libertés primordiales), nous dirons que cette liberté constitue un droit aussi sacré, aussi imprescriptible, aussi primordial, aussi naturel que celui de respirer, de marcher, de boire et de manger; ce droit, qui est antérieur et supérieur à toutes les lois, ce droit, que nous tenons de Dieu et de la nature, restera, malgré les préjugés de certains hommes, éternellement gravé en caractères d'airain dans la conscience publique; mais il y a certaines pensées trop élevées pour le myopisme d'un grand nombre de nos législateurs et de nos hommes d'Etat; eux qui sont incessamment courbés vers la terre où se trouvent fixés leurs regards et leurs pensées, jouet de leur froid égoïsme et de leur vil matérialisme, ils n'atteindront jamais ces hautes régions intellectuelles; car l'homme-animal, dit saint Paul, ne saurait comprendre les choses de Dieu.

Ces hommes peuvent-ils être l'instrument régénérateur de notre société, gangrenée par l'indifférentisme, le doute, le sensualisme, l'impiété? eux qui, ayant les premiers besoin de cette régénération morale, sont loin de soupçonner les vrais moyens à employer, les mesures salutaires à prendre pour cicatriser cette plaie hideuse du matérialisme qui ronge la société tout entière.

Parlez à ces hommes d'enseigner aux masses, de par Dieu, l'amour, la fraternité, le respect à la loi et à l'autorité, parlez-leur d'opérer ce rapprochement si désirable de ces deux classes de la bourgeoisie et du prolétariat, classes qui, divisées aujourd'hui par les doctrines anti-sociales, sont cependant faites, suivant les vues de la Providence, pour se vouer un amour mutuel et se prêter une main secourable, ils vous tournent le dos, haussent les épaules avec le sarcasme dans la bouche et le sourire de la pitié sur les lèvres.

CHAPITRE VI.

—

L'ÉGALITÉ ABSOLUE EST UNE CHIMÈRE. —— LE BONHEUR PARFAIT N'EXISTE POINT DANS CE MONDE. —— CE QUE VEUT ET DEMANDE LE PEUPLE. —— LE PROGRÈS, ÉTANT LA LOI ÉTERNELLE DU GENRE HUMAIN, N'A ÉTÉ QU'UNE SUITE DE DESTRUCTIONS DES CHOSES SURANNÉES.

Trop longtemps, la nation s'est vue tromper par de décevantes promesses; trop longtemps, hélas! les classes laborieuses ont souffert.

L'heure a sonné aujourd'hui de faire justice des utopies stériles de Louis Blanc, ce trop célèbre organisateur des ateliers nationaux, de Cabet, ce trop fameux inventeur de l'heureuse Icarie, du banquier Proudhon, du phalanstérien Considérant et de tant d'autres, et de substituer à leurs théories et à leurs systèmes imaginaires, des théories et des systèmes réalisables, ainsi que des réformes immédiates.

Autant que personne et peut-être plus que personne, nous désirons, nous voulons le bonheur des classes déshéritées de la fortune ; ce bonheur, nous le cherchons dans les limites du possible, et c'est du fond de notre cœur que nous déplorons les misères et les souffrances trop réelles des conditions pauvres et laborieuses ; mais hélas ! tristement convaincu que, dans la société comme dans la nature, tout est inégalité, nous nous garderons bien d'aigrir ces souffrances et d'augmenter ces misères, en promettant une égalité chimérique et une félicité hyperbolique qui ne sont point de ce monde.

Nous ne cesserons de dire au peuple que les principaux éléments du bonheur et de la prospérité d'une nation sont un labeur constant, un respect profond pour la religion, la loi, l'autorité, la famille, la propriété. Nous voudrions pouvoir verser l'abondance et la richesse sur toutes les classes de la société, et faire de cette terre un nouvel Eden ; mais malheureusement, cela est impossible, nous savons, par expérience, que la richesse n'a été et ne sera jamais que le partage d'un petit nombre ; mais nous savons aussi que le bonheur est loin d'être toujours l'apanage de la richesse ; il y a dans la société certaines positions brillantes, privilégiées, qui sont peut-être l'objet de notre ambition, de notre convoitise ; eh ! mon Dieu ! à peine en serions-nous possesseurs que déjà nous aurions hâte de revenir à notre précédente condition.

Alexandre avait soumis l'univers ; la terre, suivant l'expression d'un auteur, s'était tue devant lui, eh bien,

Alexandre, saturé, fatigué de gloire, soupirait et gémissait au milieu des trophées de ses immortelles victoires.

Tibère, cherchant le bonheur qu'il n'avait pas trouvé sur le trône, s'était retiré dans l'île de Caprée ; eh bien, Tibère fut trompé, Tibère ne rencontra point la félicité dans le séjour de ses infamies, il y sentit toute sa misère et le néant des grandeurs humaines.

Et sans aller chercher dans l'antiquité des exemples éloignés, n'a-t-on pas vu un prince d'une des plus illustres familles, qui depuis s'est assis sur le premier trône du monde, contraint par la dure nécessité de se livrer aux occupations de professeur sur une terre étrangère ?

N'a-t-on pas vu Napoléon, ce grand génie, qui, à la tête de ses phalanges victorieuses, s'était promené, en souverain, dans toutes les capitales du continent, jeté par les événements politiques sur un rocher solitaire, au milieu de l'Océan, privé à jamais de sa liberté et des objets les plus chers à son cœur ?

N'a-t-on pas vu Châteaubriand réduit à se faire, pendant sa vie, une rente qu'il escomptait sur ses œuvres posthumes ?

N'a-t-on pas vu Lamennais, avant la révolution de Février, qui lui a ouvert les portes de la Chambre, obligé de recourir à la vente de ses livres, pour subvenir à sa subsistance ?

N'a-t-on pas vu Alexandre Dumas forcé de vendre à l'encan sa villa de Monte-Christo ?

N'a-t-on pas vu Lamartine, éditeur, prôneur, vendeur de ses propres ouvrages, quêteur de souscriptions dans

le but honorable, sans doute, de racheter une terre maternelle qu'il n'a pu cependant soustraire aux rigueurs de ses créanciers?

Ainsi la naissance et le génie sont souvent impuissants pour nous soustraire aux déceptions, aux vicissitudes, aux chutes, aux misères attachées à la triste condition humaine.

Les forces du corps et celles de l'intelligence nous ont été réparties par la nature, dans des proportions différentes; il existe conséquemment entre les membres d'une société d'évidentes inégalités.

Le travail, l'activité, l'économie, la moralité des uns, la paresse, l'indolence, la prodigalité et le désordre des autres augmentent encore cette distance qui les sépare, et creusent en quelque sorte un abîme entre la vertu et le vice, entre la richesse et la pauvreté.

Mais l'application des doctrines évangéliques détruira, pour ainsi parler, cette distance, comblera cet abîme, qui sépare les différentes classes de la société; car ces doctrines enseignent aux hommes qu'ils sont tous frères; elles font un devoir, une obligation rigoureuse à ceux qui sont favorisés des biens de ce monde, de venir en aide aux pauvres et aux malheureux. A cet esprit de communauté et d'association religieuse, à cet amour chrétien si tendre, si plein de sollicitude, à cette charité si évangélique qui respirait dans toutes les institutions du moyen-âge, la révolution de 91 substitua (et je ne l'en blâme pas ici) la liberté illimitée de l'industrie et du commerce, avec une concurrence sans frein, de sorte que le simple ouvrier, sans capitaux, se trouva isolé au sein d'une société égoïste, réduit à ses propres ressources, souvent aux prises avec l'avarice d'un maître rapace, qui n'a cessé de l'exploiter, en spéculant, sans honte et sans pudeur, sur son intelligence, sur son industrie, sur sa probité, et quelquefois sur sa misère.

O pauvre peuple, toi producteur, toi l'élément indispensable de toute agglomération humaine, tu payes quelquefois bien cher le pain que te nourrit, tu payes quelquefois bien cher l'instruction que l'on donne à tes enfants, parce que ces hommes, qui se disent tes frères, n'ont eu d'autre pensée que de tirer de ton travail et de tes sueurs, le plus grand produit possible avec le moindre salaire possible.

Les derniers gouvernements étaient bien plus occupés à se créer une majorité parlementaire que soucieux des intérêts des travailleurs, c'est pourquoi, au lieu d'associations légitimes, il se forma des sociétés secrètes, des corporations souterraines qui renversèrent, le 24 Février, avec la rapidité de l'éclair, une dynastie de 14 siècles.

Tout le monde sait que ce fut ce principe sacré du droit d'association qui enfanta la révolution de 1848; ce fut en invoquant ce principe naturel, primordial, imprescriptible, antérieur et supérieur à toutes les lois humaines, principe si solennellement proclamé sur les barricades, que le peuple renversa ce trône que l'on disait si bien affermi par dix-huit années de corruption, de ruses, d'intrigues et de mensonges.

Mieux que nos fameux économistes, mieux que nos honorables chambriers, mieux que nos grands hommes d'Etat, le peuple souvent sait ce qu'il veut; ce qu'il veut, ce n'est ni le partage des fortunes, ni les places, ni les honneurs, pour lesquels s'agitent les ambitieux et les intrigants; ce qu'il veut, c'est l'association qui, en l'affranchissant de la faiblesse, inhérente à l'individualisme et à l'isolement, le mette en position de résister aux iniques prétentions de tous ceux qui désirent spéculer ou trafiquer de son activité et de son travail; ce qu'il veut, c'est l'assistance qui l'empêche de mourir de faim dans les jours de chômage, de maladie, de vieillesse; ce qu'il veut, c'est l'affranchissement de cet état d'ilotisme, dans lequel une partie des générations ouvrières s'étiole et dépérit; ce qu'il veut, c'est le dégrèvement des impôts, des charges de toute nature, qui pèsent si lourdement et si iniquement sur lui; ce qu'il veut, c'est une répartition plus équitable de l'impôt en général; ce qu'il veut, c'est une éducation évangélique et républicaine, qui fasse de lui un peuple moral et vertueux; ce qu'il veut, c'est que l'on n'entrave point l'action des hommes, soit prêtres, soit laïques, dont la mission et le devoir sont de moraliser, instruire, régénérer nos jeunes générations; ce qu'il veut, c'est que, dans ce saint apostolat, l'Université, sans esprit d'ombrage, ni de jalousie, unisse franchement ses efforts à ceux du clergé pour l'accomplissement de cette immense tâche, aussi pénible que glorieuse; ce qu'il veut enfin, c'est une place au foyer de la grande famille humaine. Ainsi donc, association volontaire, assistance mutuelle, existence vraiment fraternelle et chrétienne, justice, équité, voilà ce que veut le peuple, j'entends le peuple laborieux bon et honnête, et cette classe forme encore la grande majorité en France.

Quand tout se meut autour de nous, quand une transformation sociale se fait au sein de l'humanité, l'immobilité, c'est la mort.

Le progrès, étant la loi éternelle du genre-humain, n'a été qu'une suite de destructions des choses surannées.

Le Christ, en venant sur la terre, n'a-t-il pas, par ses doctrines, réalisé ce qui était considéré autrefois par les païens comme irréalisable, c'est-à-dire l'utopie de la liberté, l'utopie de l'égalité, l'utopie de la fraternité ?

Que de choses n'avons-nous pas abolies qui, avant leur avènement, avaient été traitées d'utopies et jugées impraticables par nos aïeux ?

La destruction de la féodalité, des castes et des grands seigneurs, l'abolition de la dîme et du servage, le renversement de la tyrannie sanglante, du despotisme impérial, de la monarchie constitutionnelle, n'ont-ils pas été qualifiés d'utopies par nos ancêtres et nos contemporains ? L'établissement de la République n'a-t-il pas été considéré comme une utopie ? nous voici cependant en pleine république.

Que de choses se réaliseront encore, qui paraissent aujourd'hui des utopies à nos économistes, à nos législateurs et à nos myopes politiques, qui ne voient point la marche de l'humanité.

Mais pourquoi demander la solution de nos grandes questions sociales à nos fameux économistes, à nos grands législateurs actuels, à tous ces disciples de l'école voltairienne, eux qui n'ont jamais étudié la société que dans ses rapports avec la terre, eux qui n'assignent au genre humain d'autre mission que celle qui est limitée par le temps, sans se préoccuper de son but principal au-delà de la vie présente?

Suivant nous, il est difficile de faire de la bonne économie politique sans sortir des confins de l'horizon terrestre; ils veulent créer la prospérité, la richesse; mais ils savent bien qu'il n'est donné à aucune Chambre, à aucun gouvernement, de décréter la prospérité publique, car ce n'est pas avec des Constitutions, des lois, des décrets, que l'on fait renaître la confiance, l'industrie, le travail et les transactions commerciales, mais avec des principes et des vertus; mais ils savent bien que la prospérité et la richesse reposent sur le travail, que le travail repose sur le capital, que le capital repose sur la probité et la bonne foi, et que la probité et la bonne foi reposent sur les sentiments religieux.

Oui, nous le répétons encore une fois, au risque de nous rendre fastidieux à nos lecteurs, c'est la doctrine du Christ qui pourra seule sauver notre patrie et la vieille Europe; cette doctrine qui nous dit que nous sommes tous les enfants d'une seule et même famille, qui n'a qu'un seul et même père, qui est au ciel; cette doctrine, c'est celle qui a pour base immuable la moralité et la justice; toute autre doctrine n'est que confusion, égoïsme, licence, anarchie, despotisme, esclavage.

Vous, grands politiques, grands moralistes, grands philosophes, grands économistes, vous aussi riches sans cœur et sans pitié, vous êtes en quête depuis longtemps d'un moyen efficace pour sauvegarder vos intérêts matériels, pour vous donner cette sécurité, cette quiétude, dont vous avez si grand besoin pour jouir en paix de vos honneurs, de vos biens, de vos richesses, et pour vous mettre à l'abri, ainsi que vos femmes et vos enfants, du vol, du pillage, du meurtre, de l'incendie, et ce moyen vous ne l'avez pas encore trouvé, et soyez-en bien convaincus, vous ne le trouverez pas hors de cette morale évangélique qui rend l'homme bon, moral et vertueux; hors de cette morale évangélique qui a des remèdes pour toutes les douleurs, des consolations pour toutes les tristesses, et des soulagements pour tous les maux.

Non, il n'y a que deux solutions à donner aux principes fondamentaux de l'ordre social, celle de Spartacus au pied du mont Vésuve, à la tête de 70,000 esclaves révoltés, ou celle de Jésus-Christ avec ses maximes évangéliques ; la première sera le règne de l'égoïsme, de l'impiété, du despotisme, du canon, de l'échafaud et de la terreur ; la seconde sera le règne du dévouement, de la religion, de l'autorité légitime, de la paix, de la fraternité et de l'union parmi les citoyens. D'un côté la barbarie, de l'autre la civilisation, choisissez.

CHAPITRE VII.

—

LES SENTIMENTS DE CHARITÉ CHRÉTIENNE N'ANIMENT PAS LE
COEUR DE TOUS LES RICHES. — MISÈRE DU PEUPLE. —
L'AUMÔNE. — DANS NOS INTÉRÊTS, NOUS NE DEVONS RIEN
NÉGLIGER POUR LA MORALISATION ET L'ASSISTANCE DES
MASSES. — BIENFAITS DE L'ÉGLISE. — LA CHARITÉ CHRÉ-
TIENNE SEULE PEUT NOUS FAIRE AIMER LE PAUVRE, QUI
EST NOTRE FRÈRE. — LA MEILLEURE DES POLITIQUES EST
LA POLITIQUE CHRÉTIENNE.

—

Il est un grand nombre de riches qui font l'aumône,
non par un sentiment de charité évangélique, mais par
ostentation et par peur ; il en est d'autres qui, comme
les anciens, sont animés de ces sentiments de vague philanthropie qui, avant la venue du Christ, n'empêchaient
pas les trois quarts du genre humain de croupir dans
les ténèbres de l'erreur, dans l'esclavage le plus dur et

le plus abject ; c'est aussi pourquoi nous n'aimons pas trop ce mot de philanthropie, d'origine païenne : nous lui préférons infiniment ce terme de création divine, charité, qui signifie amour, oui amour, non seulement pour nos proches, non seulement pour nos amis, non seulement pour nos bienfaiteurs, mais aussi pour nos ennemis, parce que ce mot résume à lui seul toute l'essence divine, *Deus charitas est.*

Nous dirons à ces riches : Vous qui vous creusez la tête, pour ajouter le lendemain un surcroît de jouissance et un raffinement de plaisir à votre sensualisme, vous qui, dans votre orgueil, vous croyez pétris d'un autre limon que le prolétaire, et qui êtes sans cesse préoccupés de vos soirées splendides, de vos bals magnifiques, de votre riche toilette, de votre luxe désordonné, de vos somptuosités fastueuses, vous qui, tantôt assis à une table servie de mets exquis et confortables, ne connaissez pas la faim au sein de l'abondance ; qui, tantôt les pieds appuyés sur les chenets d'une cheminée bien chaude, et couverts de douces fourrures, ne comprenez point ce que le froid a de rigueur pour les classes pauvres et souffrantes ; avez-vous jamais vu la couche formée de quelques brins de paille fétide, sur laquelle reposent trois, quatre, quelquefois cinq membres d'une même famille, pâles, livides, amaigris par la faim ? vous êtes-vous jamais assis à ce foyer qui s'éteint faute d'aliment, et autour duquel se presse, grelottant de froid, une famille couverte de haillons ?

Que d'honnêtes ouvriers, privés d'occupation dans

les jours de chômage , se trouvent réduits à l'indigence
la plus affreuse ! que de mères qui n'ont à donner à leurs
enfants que des caresses, des baisers et des larmes pour
nourriture !

Nous, qui avons vu la misère dans sa hideuse nudité,
nous osons affirmer que si les heureux de la terre assis-
taient de temps en temps à ces poignants spectacles, ils
ne resteraient pas aussi insensibles aux misères humaines.

A Dieu ne plaise, cependant, que nous confondions,
dans l'anathème que nous fulminons ici, tous les gens
riches en général, car parmi ceux-ci il est beaucoup
de cœurs sensibles et généreux, qui font un digne et
noble usage des dons de la fortune.

Nés dans la souffrance, élevés au sein des privations,
la plupart des pauvres habitent des bouges délétères ,
où l'air, la lumière, l'espace sont insuffisants au développement naturel de leurs forces physiques ; tous les
sexes, tous les âges, pendant les heures de repos, pendant les heures de travail, se trouvent entassés dans ces
séjours méphitiques de la misère, où les mœurs se cor-
rompent, la santé se débilite, et les familles entières
s'étiolent.

Les sentiments de justice et d'impartialité dont notre
cœur est animé pour toutes les classes de la société,
nous font néanmoins un devoir de faire ici la part de
tous ; nous savons qu'il existe, hélas ! un trop grand nombre de pauvres qui gémissent dans l'indigence, parce
qu'ils l'ont bien voulu ; ce sont ces hommes qui ont
accueilli dans leur intérieur ces trois hôtes dangereux,

la paresse, l'ivrognerie et l'immoralité; nous pouvons
leur donner l'assurance que leur triste position ne
tarderait pas à s'améliorer s'ils appelaient à eux trois
hôtes bien différents, l'ordre, le travail, la moralité; hôtes qui ne viennent jamais, sauf quelques cas
exceptionnels d'accident, de maladie et de vieillesse,
s'asseoir au foyer domestique qu'accompagnés de la
sérénité et de l'abondance; les premiers leur apporte-
ront infailliblement misère, désordre, maladie, larmes,
désespoir et crime; les seconds, au contraire, prospérité, union, santé, plaisir, joie, innocence; le choix
doit-il être douteux?

De même que, dans les temps féodaux, on disait :
noblesse oblige, disons, sous un régime républicain : richesse oblige. La charité est une vertu sublime qui, en
opérant le développement progressif de la civilisation,
ne fera plus de tous les peuples qu'une seule et même
nation; supérieure à la justice qui consiste à ne pas
faire le mal, la charité consiste à faire le bien. Chez
une nation chrétienne telle que la France, la charité
devrait opérer des prodiges. Il est juste que toutes les
classes de la société concourent, dans la mesure de leurs
facultés, à cicatriser cette vaste plaie du paupérisme
attachée au sein de nos sociétés modernes, et au lieu de
ces décevantes promesses faites au peuple pour le sé-
duire et le fasciner, signalons notre zèle et notre amour
pour lui par des actes de justice, de fraternité, d'abnégation, de sacrifice et de dévouement; ne nous en tenons
plus à de vaines paroles qu'emporte le vent; donnons,

donnons tous, sans exception, les uns de leur superflu, les autres de leur nécessaire, et après avoir donné beaucoup, il nous sera pardonné beaucoup.

Ne nous bornons pas à faire l'aumône matérielle par nos bienfaits, faisons aussi l'aumône intellectuelle, en déposant dans le cœur du pauvre quelques paroles de consolation et d'espérance, et dans son esprit quelques bons et salutaires conseils. Sachons nous faire aimer et bénir en visitant les indigents dans leurs mansardes ; c'est là le plus sûr moyen de nous faire pardonner nos richesses ; si les hommes ne s'aiment point, c'est souvent parce qu'ils ne se connaissent point.

C'est surtout à la sensibilité de la femme que nous faisons appel, elle dont le cœur toujours ouvert à la compassion comprend si bien toutes les misères humaines, et les soulage avec un empressement qui fait honneur à son sexe.

Multiplions nos efforts, puisque nous sommes tous solidaires, pour arracher des âmes gangrenées par l'irréligion, la racine de ces mauvaises passions qui font naître, avec la corruption, les souffrances et la pauvreté ; la vue de la misère fait mal, et comme la misère conduit souvent au vol, moins il y aura de voleurs, moins il y aura de volés.

Appliquons-nous surtout à soulager les misères et à diminuer, autant qu'il est humainement possible de le faire, les douleurs qui ne sont point le résultat de l'inconduite et de la fainéantise ; substituons, lorsque nous le pouvons, le travail à l'aumône.

Elevons nos pensées et nos actions jusqu'à l'héroïsme de la justice et de la charité chrétiennes.

Que le cri de la misère, des angoisses et du désespoir de nos frères ne s'élève pas au ciel contre nous, que par nos aumônes leurs cœurs soient apaisés, que par nos aumônes ils se moralisent, ils se régénèrent, que par nos aumônes, nous fassions descendre les bénédictions du dispensateur de tous biens sur nous et sur notre postérité, que par nos aumônes, au grand jour suprême, nous soyons trouvés innocents devant Dieu.

Pour l'obtention de ce double résultat, c'est-à-dire la moralisation et l'assistance des masses, nous ne devons rien négliger, nous devons prendre toutes les mesures qui sont en notre pouvoir, frapper à toutes les portes, nous adresser non seulement au gouvernement, non seulement aux représentants de la nation, en les invitant à prendre une salutaire initiative dans des questions d'une aussi haute importance, mais encore à tous les hommes honorables qui se font gloire de marcher dans les rangs des amis de la patrie et de l'humanité, dans les rangs des zélateurs de l'ordre et de la vraie liberté. Quand nous disons vraie liberté, nous n'entendons nullement parler de cette licence effrénée qui est la mère du désordre et de l'anarchie, car la licence tue les sociétés, et la liberté les sauve.

Les apôtres de la démagogie ont tant de fois ébloui, trompé, égaré les masses, par leurs fallacieuses promesses, que, longtemps et bien longtemps encore, tout homme qui leur prêchera la morale évangélique sera suspecté par elles , et peut-être même l'objet d'aveugles préventions.

Malheur à la religion , malheur à la propriété , malheur à la famille, malheur à la société tout entière, si un jour le peuple se trouvait en droit de dire à ceux qui lui prêchent la morale : Mais vous, qui avez sans cesse sur les lèvres les mots de fraternité , de charité, de réconciliation, de christianisme, vous avez un cœur qui reste insensible à la misère de vos frères , et une main qui ne s'ouvre point pour la soulager.

Le code évangélique , plus parfait en tous points que les livres des anciens sages , ne nous prescrit pas seulement d'aimer nos parents, nos amis, et de leur faire du bien , mais d'aimer tous les hommes et de leur porter aide et assistance.

Pour l'accomplissement de ces devoirs, il ne fait aucune distinction entre le maître et l'esclave, entre le pauvre et le riche, entre le Scandinave et l'Ethiopien, entre l'habitant des pays de l'aurore et celui des régions occidentales; car, devant Dieu, le genre humain ne forme qu'une seule et même famille.

Ces secours affectueux offerts au nom de la fraternité et de la religion ne sont point de nature à faire naître la susceptibilité, ni à froisser le juste sentiment de la dignité humaine ; quel est l'homme assez aveugle, assez anti-religieux qui ne serait obligé d'avouer que la charité évangélique, qui est un devoir impérieux pour les riches et une ressource inépuisable pour les pauvres, est appelée à exercer une influence immense, non seulement sur l'avenir de notre patrie, mais sur l'avenir de tous les peuples civilisés, en consolidant les bases des sociétés modernes ébranlées, jusque dans leurs fondements, par les théories anti-sociales et les doctrines impies.

L'on a parlé assez longtemps et trop longtemps peut-être au peuple de ses misères, de ses souffrances, n'est-il pas temps de lui parler de secours, de consolations?

Le but du christianisme est la sanctification des âmes, la destruction de tous les esclavages, celui du cœur et celui du corps, et conséquemment l'amélioration de la condition humaine : c'est là sa noble tâche, c'est là sa sainte mission.

L'Eglise qui, toujours radieuse de jeunesse après dix-huit siècles d'existence, autour de laquelle tout s'agite, tombe et disparaît, et qui, placée sur la montagne sainte, voit d'un œil impassible l'écroulement des trônes, la ruine des empires, des républiques, des peuples, des institutions civiles et politiques, l'Eglise fera jaillir de son cœur bienfaisant des flots d'amour et de fraternité qui feront de toutes les nations, suivant la promesse des livres saints, un seul troupeau sous un seul pasteur ; c'est alors que, du couchant à l'aurore, du midi au septentrion, retentiront ces sublimes paroles : *Vivent le Christ et sa république.* Oui, l'Eglise, avec ses doctrines évangéliques, pourra sauver la civilisation, elle le fera aujourd'hui, comme elle l'a fait il y a plusieurs siècles, en arrachant les peuples du bord de l'abîme, en appelant sur la société défaillante les bénédictions

du Ciel, et en ranimant sur son sein maternel l'humanité expirante; n'est-ce pas l'Eglise, en effet, qui a en-
tretenu dans les temps les plus ténébreux de notre histoire la flamme des lumières divines et humaines?

Pouvons-nous, nous ses enfants, sans une noire in-
gratitude, et sans une injustice criante, méconnaître
les bienfaits de cette mère pleine de mansuétude et d'a-
mour qui, en conservant la pureté des mœurs, en pro-
pageant partout les principes de soumission et d'obéissance à l'autorité légitime, en développant l'activité et
la bonne foi dans les transactions, dans le commerce
et l'industrie, en défendant les libertés des nations
contre les injustices et le despotisme des souverains, n'a
cessé un instant, en traversant les siècles, de verser
avec abondance sur les peuples les bienfaits du droit,
de la morale, de l'ordre et de la liberté?

C'est avec un sentiment de douleur profonde que
nous faisons ce triste aveu, qui nous est arraché par la
force de la vérité.

Oui, les gouvernements, les grands, les heureux de
la terre, ont souvent oublié leurs devoirs envers l'Eglise
en entravant son action bienfaisante et civilisatrice,
ainsi que leurs devoirs envers les classes pauvres, qu'ils
regardaient comme autrefois les païens regardaient leurs
esclaves.

Jamais ces sauvages et immondes doctrines que l'on
s'est plu à enseigner aux masses n'auraient rencontré
d'aussi vives sympathies, n'auraient fait d'aussi nombreux
prosélytes si, dans un temps opportun, les gouvernements

et les classes favorisées de la fortune, avaient fait des concessions au peuple et obtempéré aux réclamations légitimes qui s'élevaient de toutes parts.

Chez une nation sans foi, les pauvres seront toujours considérés comme un lourd fardeau et rien de plus : c'est ainsi que les considéraient autrefois les anciens, c'est ainsi que les considèrent encore aujourd'hui tous les peuples modernes qui ne sont point éclairés par les lumières de l'Evangile ; sans la foi, le riche ne verra jamais dans le malheureux couvert des lambeaux de la misère, grelottant de froid et de faim à sa porte, un frère qu'il doit aimer, soulager, consoler ; et sans la foi, le pauvre, se considérant comme un exploité, un ilote, un esclave, ne verra jamais dans les fortunés de ce monde que des exploiteurs orgueilleux, des maîtres inexorables, des despotes sans pitié et sans entrailles.

Il n'y a donc que cette doctrine du Christ, qui fait naître la foi dans les cœurs, qui puisse nous faire aimer, soulager, consoler le pauvre devenu notre frère, comme il n'y a que la doctrine du Christ qui puisse rendre la pauvreté et les souffrances supportables dans cette vie et méritoires dans l'autre. Si nous ne sortons point de cette fatale léthargie, de cette apathique somnolence où nous vivons, si nous ne consacrons point notre temps, nos efforts, nos facultés et une faible portion dé nos biens à cette tâche humanitaire, à ce saint apostolat, à cette œuvre immense de la défense sociale, nous serons sous peu témoins d'une de ces terribles et épouvantables commotions sociales dont le récit est transmis, par l'histoire, à la postérité en caractères de sang.

Que l'on ne vienne point nous dire que nous sonnons le tocsin d'alarme, en évoquant des fantômes imaginaires, enfants de la peur; non, le profond abîme des révolutions n'est point comblé, il faudra y jeter encore bien des ruines, avec des torrents de larmes et de sang.

L'orage, qui d'abord n'était qu'un point à l'horizon, a grossi insensiblement; aujourd'hui, il gronde dans les airs et menace de tout bouleverser, de tout renverser, de tout détruire. Sans vouloir nous décerner ici un brevet de capacité, ni de patriotisme, nous nous permettrons de dire humblement au Pouvoir, quel qu'il soit : Une République ne pourra se maintenir en France sans l'inauguration d'une politique chrétienne, il faut qu'à côté des lois de répression et de conservation, l'Assemblée nationale fasse des lois de charité, de prévoyance, de fraternité. Quel beau spectacle notre France peut donner au monde entier, en prenant en sérieuse considération les besoins moraux et matériels des populations! que tous les amis de l'humanité, faisant l'aumône suivant le précepte de Celui qui récompense au centuple un verre d'eau donné en son nom, s'imposent des sacrifices, par l'établissement de crèches, d'asiles, d'hospices, de cités ouvrières, de sociétés maternelles, de colonies agricoles, d'ateliers de charité, de caisses de retraites et de prévoyance, destinés à toutes les misères humaines, aux enfants trouvés, aux orphelins, aux infirmes, aux vieillards, aux invalides des deux sexes.

Comme presque toutes les œuvres de charité, les établissements de bienfaisance ont été inspirés par le christianisme; c'est sous le règne de Constantin que ces institutions charitables prirent naissance, et suivant l'histoire, ce fut une pieuse dame romaine, nommée Fabiola,
qui fonda le premier hôpital de malades, auxquels elle
consacra sa vie et sa fortune.

Ces asiles destinés à recueillir toutes les misères humaines luttent contre la mendicité, de concert avec l'action individuelle, devenue depuis longtemps impuissante.

Mais ce que l'humanité et la justice réclament, c'est
qu'une partie des habitants des campagnes ne soit pas
exposée à mourir de faim et de misère à la porte d'un
hôpital, dont l'entrée lui est impitoyablement interdite.

Que le gouvernement étaie de son puissant patronage
toutes les entreprises humanitaires; il fera la meilleure
des politiques, la politique chrétienne; il ne dépend
que de lui d'immortaliser son nom dans l'histoire, et
de le faire bénir dans tous les cœurs. Sans cette politique chrétienne, nous le demandons à tous les hommes
de bonne foi, comment le gouvernement pourra-t-il
faire accepter le devoir par les masses, elles qui ne
veulent plus que du droit? Il est vrai qu'il lui reste
toujours une ressource, c'est de faire avancer de la cavalerie et du canon pour se débarrasser de ces cyniques
armées de mendiants : voilà les moyens de la politique.

Loin de nous la pensée de frapper de notre blâme
tout ce que l'on fera en dehors de l'idée chrétienne,
pour le soulagement et l'amélioration du sort des classes

souffrantes, car nous ne reconnaissons à personne le monopole de la charité et de la philanthropie, nous croyons qu'en France le malheur et la misère feront toujours vibrer dans les cœurs les fibres de la compassion ; mais nous soutiendrons, avec le sentiment d'une profonde conviction, que sans la coopération de l'élément religieux l'on n'obtiendra jamais qu'un résultat très-incomplet.

CHAPITRE VIII.

—

DE L'ÉMIGRATION DES CAMPAGNES. — DE L'AGRICULTURE. — MISSION DU REPRÉSENTANT. — RÉFORMES IMMÉDIATES A FAIRE. — QUELQUES HUMBLES CONSEILS.

———

Une des grandes causes du malaise social actuel, c'est le désir effréné de changer de condition.

Nous voyons tous les jours le fils du cultivateur, pour lequel la vie des champs se trouve sans attraits, demander au commerce, à l'industrie, à l'avocasserie, à l'avouerie, au notariat, à la magistrature, à la profession des armes, aux administrations et à une multitude d'autres carrières, l'emploi d'une vie dévorée par une délirante ambition.

Ce fils veut, à tout prix, avoir une position plus brillante que celle de son père ; il veut être plus savant, plus riche, plus considéré ; il veut jeter un lustre nouveau sur une famille qui a toujours vécu dans une modeste, mais heureuse obscurité.

Cette passion immodérée de changer d'état et de s'élever, règne parmi les classes pauvres comme parmi celles qui jouissent des dons de la fortune; poussées par le désir souvent trompeur de posséder, de jouir, de briller, elles quittent en masse les provinces pour aller fixer leur séjour à Paris; nous voyons nos populations rurales abandonner nos bourgs, nos villages, nos hameaux, pour aller grossir d'une manière vraiment effrayante la cohue tumultueuse de nos grandes cités, devenues déjà trop populeuses.

L'agriculture, la première de toutes les industries, et, rigoureusement parlant, la seule nécessaire, l'agriculture, cette mine précieuse et inépuisable de tout bien-être réel, est restée à peu près stationnaire; les capitaux et le génie industriel lui ont presque constamment refusé leur concours : cependant nous pouvons encore dire aujourd'hui de l'agriculture ce qu'en disait le célèbre Sully : Pâturage et labourage, sont les deux mamelles de l'Etat.

Eh bien! l'agriculture se trouve privée d'un grand nombre de bras nécessaires, tandis que nos villes voient surgir dans leur sein, avec les difficultés de la concurrence, les menaces de l'indigence, les inspirations du désespoir; les républiques comme les empires chancellent sous le poids de la population et de la production industrielle; les produits fabriqués, dépassant de beaucoup les produits consommés, occasionnent périodiquement des temps d'arrêt dans la fabrication, et conséquemment un temps de crise, de misère et une immense perturbation dans toute l'économie sociale.

Ces faits sont tellement patents, que personne assurément ne sera tenté de les révoquer en doute.

Nous sommes donc conduit à conclure que ce système administratif, qui produit ou qui n'empêche pas de tels faits, est radicalement vicieux.

L'on pourra peut-être nous prouver, avec une certaine ressource d'esprit, que telle ou telle branche de l'administration publique fonctionne d'une manière régulière et parfaite; mais toujours est-il que les plus savantes et les plus ingénieuses apologies viendront échouer contre des faits aussi accablants, aussi tristes, aussi déplorables et surtout aussi dignes des préoccupations et des études de nos économistes et de nos législateurs.

Dans un Etat despotique, nous nous expliquerions à la rigueur une situation aussi funeste, parce qu'un maître, n'importe de quel nom il se décore, redoute un trop grand rayonnement de lumières, et une trop grande expansion de vie publique au sein des populations qu'il gouverne; mais nous, Français, qui nous disons, et je crois avec raison, la première nation de l'univers, nous, peuple intelligent, libre, civilisé, jaloux de nos droits, pouvons-nous de bonne foi nous empêcher de voir un mal immense pour la société dans ces faits qui ont une logique bien plus péremptoire que les arguments les plus spécieux? Que le gouvernement se hâte donc d'apporter par des lois salutaires un terme à cette funeste émigration des campagnes.

Nous pensons qu'un des principaux moyens d'obtenir un tel résultat, c'est de venir en aide à la terre, ce grand et indispensable producteur qui nous nourrit tous, grands et petits, riches et pauvres, savants et ignorants, bourgeois et prolétaires. Que le Pouvoir vienne en aide aux bras qui la travaillent, aux sueurs qui la fécondent et aux capitaux qui la fertilisent, qu'il favorise, par des primes d'encouragement, l'organisation de compagnies dont le but sera le desséchement de 500,000 hectares de marais, et le défrichement de huit millions d'hectares environ de terre improductive ; ces vastes étendues de terrain, qui se trouvent encore incultes dans notre patrie, n'attendent que des bras pour être défrichées, cultivées, améliorées, et pour répandre la prospérité et l'abondance au sein de la société.

Que l'agriculteur lui-même s'applique à rendre plus productifs ses terrains cultivés, qu'il introduise dans sa culture les plantes nouvelles ou exotiques, dont la supériorité et l'acclimatation sont incontestables ; qu'il améliore et développe son système d'irrigation partout où il est susceptible d'être amélioré et développé, qu'il s'occupe principalement du soin de créer de bonnes prairies, soit naturelles, soit artificielles, car le fourrage, on ne peut trop le répéter, est la base de toute exploitation rurale ; avec du fourrage, l'on nourrit, l'on élève du bétail, avec du bétail, l'on se procure de l'engrais, avec de l'engrais, d'abondantes récoltes, et avec d'abondantes récoltes, la prospérité et l'aisance.

Que la Chambre, par des lois sages, soulage la campagne par la diminution des impôts, qu'elle supporte si péniblement, afin que par la fertilisation du sol et l'abondance de ses fruits, autant que par leurs prix à la portée de toutes les bourses, la France puisse enfin opérer cette amélioration matérielle du sort des classes les plus nombreuses de la société, c'est-à-dire les travailleurs, les pauvres et les malheureux.

Au lieu de ces lois transitoires, exceptionnelles et violentes qui renversent les gouvernements, enfantent les perturbations sociales, il faut, au contraire, doter le peuple des libertés qu'il réclame en vain depuis si longtemps, car l'homme est un être perfectible, et les changements sociaux, qui sont son ouvrage, sont autant de phases par lesquelles il doit passer, pour se développer et s'élever de plus en plus vers la souveraine perfection.

En conséquence, les lois qui pouvaient lui convenir il y a cent ans, ne se trouvent plus en harmonie aujourd'hui avec ses mœurs et ses besoins, et dans un siècle d'ici, il faudra encore modifier celles dont il se trouve pleinement satisfait en ce moment, et loin de momifier les nations, il faut, au contraire, comprendre son siècle, s'éclairer de ses lumières, et progresser avec lui.

Que de Dunkerque à Perpignan, de Brest à Strasbourg, toutes les bouches répètent en chœur ce mot : *Réforme, réforme, réforme;* que le législateur imite la nature qui, après avoir, pendant une année, comblé de ses richesses les habitants de la terre, se reproduit sans cesse, en se revêtant l'année suivante d'une robe splendide de fleurs et de moissons nouvelles, qu'elle distribuera avec une nouvelle prodigalité ; que l'homme d'Etat, l'homme politique, l'économiste se livre comme elle à un travail incessant ; car, suivant les vues de la Providence, le progrès est la loi éternelle de l'homme ici-bas.

Nous nous permettons donc de dire humblement à nos législateurs : Si votre mission est la plus honorable dont puisse être investi un citoyen, elle vous impose aussi des devoirs sacrés et une responsabilité immense ; vous, les élus de la nation, appelés par la confiance de vos concitoyens à l'insigne honneur de siéger au sein de la première Assemblée de l'univers, n'aliénez pas à la République tant de cœurs disposés à battre pour elle.

Ne dénaturez point votre mandat, en vous faisant hommes de parti ; ayez foi dans la République ; que l'ambition ne fasse point de vous, ni un légitimiste, ni un orléaniste, ni un bonapartiste ; car, quoi que vous fassiez, les races royales ne prendront jamais plus racine dans le cœur des Français.

Votre concours ne doit pas être prêté à ces éphémères et fatales restaurations de dynasties, votre mission est plus grande, plus noble, plus relevée ; votre mission est de consolider, régulariser une République honnête et modérée, et non de la saper dans ses fondements ; car, sachez-le bien, en présence des partis monarchiques, c'est le seul mode de gouvernement possible en France aujourd'hui.

Etudiez scrupuleusement les besoins et les tendances du peuple, faites-lui toutes les concessions sages, qui sont compatibles avec la dignité et les intérêts de la patrie, et qui auront pour but sa moralisation, l'amélioration de son sort, sa liberté et son bonheur.

Concédez au peuple l'exercice plein et entier de ses droits, sans restrictions, sans exceptions aucunes, et cela nous le proclamons sans crainte jusqu'aux limites où commence la licence, qu'il soit mis en possession du plus haut degré de liberté légale qui se soit jamais réalisé dans le monde.

A Dieu ne plaise cependant que nous voulions jamais sacrifier l'ordre à la liberté, comme nous ne voulons pas non plus sacrifier la liberté à l'ordre : c'est par l'alliance de ces deux éléments également inviolables et sacrés à nos yeux, alliance comprise jusqu'à ce jour par un trop petit nombre d'hommes, que nous parviendrons à paralyser les efforts de l'anarchie, à combler l'abîme des révolutions, et à cimenter par une Constitution vraiment républicaine et des lois sages le règne de ces deux sœurs : l'ordre et la liberté.

Dégrevez les objets de première nécessité livrés à la consommation du peuple, libérez-le des impôts qui pèsent si lourdement sur lui ; imposez, au contraire, tous les objets de luxe, les créances hypothécaires, les créances chirographaires (tout billet non revêtu de l'enregistrement devant être considéré comme nul et non avenu), imposez les rentes sur l'Etat, les chiens, les chevaux de luxe, et en général toutes les richesses mobilières qui, jusqu'à ce jour, contrairement aux principes de l'équité naturelle, n'ont point encore coopéré aux charges du pays.

L'Etat a besoin d'argent, et puisque l'on dégrève d'un côté, il faut de toute nécessité grever de l'autre; que la nation ne soit jamais autorisée à faire planer sur vos têtes ce soupçon injurieux que les préoccupations de l'intérêt privé ont eu quelque influence sur les votes du scrutin; sachez, au contraire, sacrifier à l'occasion vos intérêts privés aux intérêts généraux; c'est là votre mission, c'est là votre devoir. — Celui qui ne sait pas faire de sacrifices pour son pays, ne l'aime pas véritablement. — Au lieu de perdre un temps précieux à de vaines et stériles discussions, mettez donc une bonne fois la main à l'œuvre, prenez l'initiative des réformes à faire, des abus à réprimer, des économies à apporter dans les dépenses, au lieu d'encourir par votre léthargique inertie la répulsion, les reproches et peut-être les malédictions des masses; rendez-vous dignes par votre zèle, votre abnégation, votre dévouement, de la sympathie, de la reconnaissance et des bénédictions de vos concitoyens.

Heureux les hommes qui, au sein de la Chambre et à la tête du gouvernement, comprendront ce glorieux apostolat! ils auront bien mérité non seulement de la patrie, mais encore de la postérité.

Supprimez tous les emplois inutiles, réduisez les gros appointements des hauts fonctionnaires; qu'il n'existe plus d'appointements dépassant le chiffre de 12,000 francs, excepté pour le Président, le vice-président de la République, les ministres et les ambassadeurs.

Changez notre système hypothécaire, organisez un système de crédit foncier, de nature à produire d'heureux résultats, simplifiez le Code de procédure, afin de diminuer les frais qu'entraînent les ventes et les expropriations ; modifiez ou changez radicalement le mode de perception sur les boissons, réduisez le chiffre de l'armée, et comme toutes les nations ne doivent plus former qu'une seule et même famille, brisez les barrières qui, sous le nom de douanes, sont un obstacle infranchissable au frottement et à la fusion des peuples, proclamez solennellement le libre-échange, et vous aurez bien mérité de l'humanité.

Décentralisez le pouvoir administratif, en accordant une sage et salutaire liberté à la commune et au département ; établissez le vote à la commune.

Nous sommes, il est vrai, remplis d'admiration pour l'unité politique, qui fait la gloire et la force de notre patrie ; mais nous devons faire tous nos efforts pour élargir le cercle des libertés départementales et obtenir l'émancipation des communes. N'est-ce pas la commune qui est plus particulièrement le véritable siège de la liberté, de l'indépendance, de l'autorité, et de l'influence du citoyen ? n'est-ce pas là où habituellement il est né, où il vit, où il mourra ? n'est-ce pas là où il partage ses joies et ses peines au sein de sa famille ? et n'est-ce pas là le véritable domaine de chaque habitant des campagnes, entre le berceau de ses enfants et la tombe de ses aïeux ? oui, nous ne cesserons de demander au pouvoir une sage liberté pour le département et la commune, convaincu que nous sommes que cette liberté sera un moyen puissant et efficace pour paralyser l'action de l'anarchie à Paris, et détruire conséquemment à sa naissance le germe de l'insurrection, car la province ne se sent plus aucune disposition à accepter cette périodicité de révolutions, ces changements de gouvernement, que la capitale nous envoie par le télégraphe, après une émeute sanglante.

Désormais le peuple est émancipé et il n'a plus besoin de tuteur, il est son souverain, et comme tel il aura foi dans ses droits, il laissera donc, comme on l'a dit spirituellement, l'émeute cuire dans son jus jusqu'à complète réduction.

Un peuple ne peut vivre dans une continuelle agitation, les citoyens ne peuvent faire le métier de soldat, c'est-à-dire protéger tous les jours leur existence, leur industrie, leur négoce, contre une troupe d'hommes, ou exaltés, ou ambitieux, ou méchants; l'insurrection, comme l'épée de Damoclès, ne doit pas toujours être suspendue sur nos têtes. Une telle situation sociale n'est pas tolérable, et n'est pas plus l'état normal d'une nation que la fièvre n'est l'état normal de l'homme.

Oui, au nom de vos intérêts les plus chers, au nom des intérêts de tous, faites des concessions au peuple, vous savez, par expérience, que les questions négligées, ainsi que les lois violentes et exceptionnelles, causent la ruine des empires; vous savez que le despotisme de Napoléon a miné sa puissance, causé sa chute et nous a gratifiés de l'invasion étrangère; vous savez que les ordonnances de Juillet 1830 ont perdu Charles X; vous savez qu'en 1848 l'opposition aux banquets a renversé

le trône de Louis-Philippe, comme un enfant renverse
un château de cartes ; que les leçons d'histoire nous
soient donc profitables. N'oubliez pas que Dieu a dit à
l'homme : Aide-toi, je t'aiderai ; n'oubliez pas qu'ajourner le bien, c'est faire le mal, pressez, pressez surtout
de votre énergie la solution de ce redoutable problème
social, l'amélioration du sort des travailleurs ; car le flot
démocratique, soyez bien convaincus de cette vérité,
monte et monte toujours, et malgré les barrières les plus
puissantes élevées entre lui et vous, un jour viendra où
vous vous serez endormis dans la quiétude la plus profonde, l'horizon apparaîtra soudain sombre et sanglant
à vos yeux étonnés, la trombe révolutionnaire éclatera
et la vague populaire emportera ces digues avec la même
facilité que le vent emporte le grain de sable du désert ;
l'ouragan n'aura fait que passer, et de votre œuvre il
ne restera plus pierre sur pierre.

Vous aurez proclamé des Constitutions, des lois, vous
aurez élevé un nouvel édifice social dans la construction
duquel vous n'aurez oublié qu'une seule chose, c'est de
ne l'avoir pas bâti sur les fondements qui pouvaient
seuls le rendre durable, l'amour de l'humanité. Le but
de la révolution de Février n'est assurément pas de substituer une forme de gouvernement à une autre forme de
gouvernement ; car les révolutions, qui ne changent que
les hommes sans changer les choses, sont ou ridicules
ou odieuses ; elles ont un but bien plus grand, bien plus
digne de l'humanité, c'est de corriger les anciens abus,
de développer la grandeur morale et matérielle du

peuple, qu'elles doivent indemniser de la perturbation, des sacrifices et des misères dont il a été victime. Si la République ne devait pas opérer ces réformes désirées et demandées depuis si longtemps, si elle devait se borner à consacrer et peut-être à empirer tous ces systèmes de mensonge, de ruse, de corruption, de l'ancien régime; si elle ne devait pas mettre immédiatement un terme aux abus de tous genres qui ont porté la désolation au sein de la société; si elle ne devait pas moraliser, régénérer notre patrie; si elle ne devait pas cicatriser cette plaie profonde du paupérisme que notre société gangrenée porte dans ses flancs, oh! alors, que Dieu nous pardonne ce blasphème, nous ferions mieux de rétrograder vers la monarchie. Oui, si vous voulez élever un monument impérissable pour mettre vos biens, vos richesses, vos personnes, celles de vos familles, de vos femmes et de vos enfants, à l'abri de la spoliation, du vol, du pillage, du meurtre et de l'incendie; si vous voulez faire renaître l'ordre dans les âmes, le travail dans les ateliers, la paix dans les rues, la confiance dans le commerce, la sécurité dans les familles, la prospérité dans tout le pays; si vous voulez, une bonne fois, mettre un terme aux anxiétés et aux misères des esprits et des corps; si vous voulez, une bonne fois, combler le gouffre béant des révolutions; si vous voulez expulser à jamais de leur antre le despotisme et la tyrannie; si vous voulez éviter cette commotion sociale, cette catastrophe sanglante qui nous menace, faites des lois d'amour, de concorde, de charité, de fraternité, inoculez

dans les veines du peuple l'élément religieux, enseignez-lui ces doctrines évangéliques qui, en vous don-
nant pleine et entière sécurité, feront en même temps
son bonheur ; car, sachez-le bien, grands et petits législateurs, Dieu est le premier besoin de l'humanité, et
lorsque le peuple n'aura plus de respect pour Dieu, il
n'en aura plus ni pour vos personnes, ni pour vos
richesses, ni pour vos propriétés, et toutes vos Constitutions, toutes vos lois, quelque parfaites qu'elles soient,
ne seront jamais qu'un pâle reflet, une faible copie du
Code évangélique, par la raison qu'elles seront l'ouvrage
des hommes, et que toutes les institutions humaines
sont entachées d'imperfection ; plus vos lois approcheront
de ce Code sacré, plus elles seront parfaites.

Lorsque le peuple aura reçu cette moralisation évangélique, cette éducation républicaine, dont l'une lui
apprendra ses devoirs envers Dieu, ses devoirs envers
ses semblables, ses devoirs envers lui-même, et l'autre
ses droits comme citoyen, il n'abusera point de sa
liberté, il sera bon, probe, intelligent, laborieux, moral,
pacifique, jouissant d'une honnête aisance dont il saura
se contenter.

CHAPITRE IX.

LE SOCIALISME. — LES DEUX CAMPS ENNEMIS. — LES ENNEMIS LES PLUS DANGEREUX DE LA RÉPUBLIQUE. — LE GOUVERNEMENT DE LA RÉPUBLIQUE A BESOIN DU CONCOURS DE TOUTES LES CLASSES DE LA SOCIÉTÉ.

L'on ne dira pas que nous sommes injuste, exclusif, car, si nous sommes inexorable sur les principes, nous éprouvons des sentiments de sympathie pour tous les hommes, qui sont nos frères; jamais les questions de noms ne seront l'objet de nos préoccupations; que l'ordre, la liberté, le calme, la confiance nous soient assurés par ces hommes sincères, religieux et honnêtes, qui parent leur système du titre de socialisme évangélique; que, par eux, la France soit tranquille, prospère et heureuse au dedans, digne, respectée, forte et grande au dehors; que, par eux, se fassent la moralisation et la régénération du peuple; que, par eux, le sort des classes indigentes et laborieuses soit amélioré, alors notre faible concours leur sera acquis, et en nous déclarant leur prosélyte, nous nous ferons gloire de leur appartenir et de figurer parmi les plus zélés socialistes de l'univers, car nous tenons plus au fond qu'à la forme. Ces hommes vous disent que leur socialisme n'est autre chose que les maximes de l'Evangile mises en pratique par l'Etat, que la bienfaisance organisée par l'Etat, que le soulagement des classes pauvres et souffrantes exercé par l'Etat. Assurément, nous n'avons nullement la pensée de contester au gouvernement le droit de faire l'application de ces admirables et sublimes préceptes du Code évangélique, au contraire; mais si l'on veut entendre, par socialisme, ce socialisme absurde qui consiste à anéantir la liberté individuelle, au profit d'une certaine communauté que nous ne comprenons pas; mais si l'on veut entendre, par socialisme, ce ridicule plagiat des institutions païennes les plus dégradantes et les plus oppressives; mais si l'on veut entendre, par socialisme, ce socialisme abrutissant qui nous impose l'obligation de manger tous au même ratelier; mais si l'on veut entendre, par socialisme, ce socialisme impie qui consiste dans l'exploitation de l'homme par l'homme; mais si l'on veut entendre, par socialisme, ce socialisme sauvage qui ne veut qu'une seule chose, le renversement de la société; mais si l'on veut entendre, par socialisme, ce socialisme athée, ou matérialiste, ou éclectique, ou panthéiste de nos fameux apôtres de la démagogie, qui se combattent les uns les autres, socialisme qui, par son essence même, développe dans le cœur de l'homme le germe des appétits brutaux, des instincts les plus grossiers, des passions les plus mauvaises et des convoitises les plus criminelles, en détruisant dans l'âme tout sentiment religieux, toute loi spirituelle, toute répression intérieure, tout frein moral, socialisme qui est nécessairement la négation de toute morale, de tous droits, de toutes lois et de toutes autorités divines et humaines, sans lesquelles société, gouvernement, ordre, liberté, civilisation, progrès, religion, famille, propriété ne sont que chimères, illusions et mensonges, oh! alors, nous le déclarons hautement avec toute l'énergie dont nous sommes capable, un tel système, n'importe le nom dont il se décore, nous le désavouons, nous le condamnons, nous le repoussons, nous le frappons d'anathème.

Mais, diront les socialistes, « pourquoi l'Etat, qui choisit ses armées de fonctionnaires, et fait toutes les affaires administratives, qui est déjà fabricant et marchand de tabac, imprimeur, constructeur de vaisseaux, fabricant d'armes, de machines et de voitures, tailleur, bottier, sellier, meunier, boulanger pour l'armée et la marine, directeur des messageries sur les chemins de fer, entrepreneur de transports par mer, propriétaire exploitant de bains d'eaux thermales, professeur de belles-lettres, de beaux-arts, de chant et de danse, instituteur, banquier du peuple par les caisses d'épargne, banquier des départements, des communes et des établissements publics, dont il reçoit et exploite les fonds,

ne serait-il pas encore chargé d'établir une harmonie
absolue, de faire marcher la société entière? Pourquoi
ne serait-il pas le seul véritable propriétaire, distribuant
à chacun sa part de la fortune publique, équitablement
et selon ses besoins? Il faut que tout soit mis en commun. »

Quoi! l'homme, la plus noble des créatures sorties des
mains de Dieu, l'homme, pour qui tout a été créé dans
ce vaste univers, l'homme, être intelligent, établi par
Dieu roi de la nature, l'homme, né libre, ne pourra
plus disposer de ses facultés morales et physiques, suivant les vues de la Providence? Son âme, son corps,
ses affections, sa liberté ne lui appartiendront plus, mais
à une communauté injuste et tyrannique? Quoi! le citoyen qui se distinguera par son activité, son travail,
son intelligence, par sa conduite régulière et sans repro-
che, ne sera pas mieux récompensé que le fainéant, le
crétin, l'idiot, l'ivrogne et le débauché?

Non, un tel socialisme ne conviendra jamais qu'aux
ambitieux, aux intrigants, aux frelons paresseux, qui
veulent vivre aux dépens des abeilles laborieuses; ce
socialisme ne conviendra jamais à l'homme qui a le
sentiment de sa dignité, à l'homme qui veut conserver
sa noble et fière indépendance, à l'homme qui veut
goûter les douces et innocentes joies de la famille; non,
celui-là ne consentira jamais à devenir le vil instrument d'un chef de communauté socialiste, quel qu'il soit.

Quelle activité, quelle ardeur, quel zèle apporterai-
je dans mon travail manuel et dans mes occupations

intellectuelles, si j'ai, à l'avance, la triste conviction que le fruit de mes travaux n'est point destiné à mes enfants, qu'il sera, au contraire, administré et partagé par l'Etat, et surtout encore, si ma fortune devait être, d'après quelques socialistes exaltés, un titre à la proscription ?

Vous, avocats sans cause, médecins sans clientèle, journalistes sans abonnés, professeurs sans élèves, négociants sans pratiques, vous tous qui voulez jouir d'une existence aisée et commode sans labeur, vivez en socialistes, personne ne vous en empêche, mettez tout en commun, pratiquez vos doctrines, vous en avez le droit, mais vous n'avez nullement celui d'imposer ces théories sauvages à ceux qui les réprouvent, qui les flétrissent, qui les repoussent comme absurdes, impossibles, injustes, ignobles, infâmes et abrutissantes.

Du reste, nous pensons qu'un tel socialisme, qui, par lui-même, n'est pas redoutable, qui ne trouve de force que dans l'appui des bourgeois imbéciles, est loin de posséder toute la puissance qu'on veut bien gratuitement lui accorder.

Nous savons qu'au mois de Juin 1848 cette doctrine, publiée, prêchée, préconisée, s'était, comme tout ce qui flatte les passions humaines, rapidement développée, propagée au sein des ateliers nationaux, parmi les mécontents et les ambitieux ; nous savons tous qu'elle tenta de se métamorphoser en réalité, dans les rues de la capitale, et que, malgré l'exaltation et le fanatisme de ses partisans, elle subit néanmoins un éclatant échec dont le retentissement historique parviendra comme une

grande leçon aux siècles les plus reculés ; en conséquence, si cette lutte fratricide devait se renouveler,
il en serait de même aujourd'hui, il en serait de même
demain, il en serait de même toujours, car la destruction, qui triomphe quelquefois et ne règne jamais, ne
saurait être chez nous, ni chez aucun peuple chrétien,
un état normal et permanent ; la nation est trop éclairée
pour ne pas apercevoir l'abime où l'on veut la conduire ;
ce socialisme monstrueux, impie, sacrilége, qui est l'ab-
sorption dans l'Etat et par l'Etat de tous les éléments
matériels, de toutes les forces intellectuelles d'un pays,
et qui, en détruisant la concurrence et l'émulation,
paralyserait nécessairement l'essor de l'industrie, du
commerce, de l'agriculture, des sciences et des arts,
n'aura jamais d'autre puissance que celle de souiller et
détruire tout ce qu'il touchera.

Le socialisme de nos modernes apôtres et le voltairia-
nisme se tiennent par la main et sont unis par les liens
les plus étroits, car l'irréligion, le scepticisme, le matérialisme, l'impiété, le sarcasme contre les choses saintes,
sont communs à ces deux systèmes, et sans la religion
et ses promesses immortelles, qu'est-ce que la terre ?
sinon une arène, où la force brutale et le crime triom-
phent, où la faiblesse et l'innocence succombent.

Ou bien la France redeviendra chrétienne, et alors elle
pourvoiera grandement aux besoins des classes ouvrières
et souffrantes, ou bien elle se courbera honteusement sous
le joug de ces funestes théories prétendues socialistes,
alors un déluge de maux inondera le sol de la patrie.

Loin de nous cependant la pensée que le socialisme puisse jamais s'établir d'une manière indéfinie dans un pays civilisé, mais il pourrait arriver que ces funestes doctrines eussent un règne éphémère à la vérité, mais néanmoins assez long pour dépouiller ceux qui aujourd'hui possèdent quelque chose, car il ne faut pas se faire illusion au sujet des socialistes : ces hommes ne forment point un parti politique, mais une vaste secte; aussi la politique a-t-elle toujours été et sera toujours impuissante contre des sectaires, tous les efforts de la société viendront échouer contre leur opiniâtreté, il n'y a qu'une religion et une religion véritable qui pourra triompher de ces hommes intraitables; c'est pourquoi le jour où tous les vrais amis de l'ordre auront compris cette grande vérité, et le jour où ils mettront sérieusement la main à l'œuvre pour sa réalisation, l'Europe sera sauvée.

Mais au lieu de ce grand parti à principes religieux et sociaux, parti dont tous les efforts devraient avoir pour unique but le règne de l'ordre, de la paix, du droit, de la justice et de la morale, que voyons-nous? une déplorable division, une majorité fractionnée.

Quant aux partis dynastiques, nous n'avons pas trop à nous en préoccuper; laissons ces hommes qui ont tout oublié et rien appris ; laissons les coryphées de ces factions faire des pélerinages, les uns à Claremont, les autres à Wiesbaden, ceux-ci à l'Elysée, laissons-les intriguer, cabaler, envoyer des circulaires, prononcer des discours à la tribune et ailleurs, conspirer en plein soleil, s'agiter dans tous les sens pour ramener un passé qui ne répond plus aux besoins actuels de la société, passé odieux, pervers, corrompu, flétri et repoussé par la conscience publique; laissons ces hommes, tout à leur aise, faire du Donquichottisme politique; ils s'useront, soyez-en sûrs, comme tous les partis dont la racine est morte dans le cœur du peuple; nous avons des dangers bien plus grands, bien plus imminents. La République se trouve en ce moment divisée en deux camps ennemis, la guerre sociale devient de jour en jour plus menaçante, par là raison toute simple qu'il n'existe pas de parti mitoyen assez puissant pour effectuer une réconciliation entre deux opinions extrêmes.

D'un côté, l'égoïsme des classes riches, l'obstination d'hommes qui ne comprennent point leur siècle, ni la transformation qui s'opère en ce moment au sein de nos sociétés modernes et qui, pour échapper aux conséquences irrésistibles de la marche de l'humanité, prefereraient rétrogader jusqu'au régime monarchique, voire même jusqu'aux institutions féodales; qui, étant disposés à sacrifier les intérêts du progrès et de la civilisation, à leur cupidité et aux priviléges que leur donnent leurs richesses ou leur position sociale, nous conduiraient infailliblement à une terrible catastrophe.

Nous dirons à ces ultra-conservateurs, à ces bornes, à ces rétrogrades qui sont bien plus dangereux que les rouges cramoisis, et qui avouent eux-mêmes, qu'il y a quelque chose à faire pour améliorer le sort des classes ouvrières, mais dont tous les efforts se sont bornés, jusqu'à ce jour, à de vaines paroles ; vous, hommes riches, rivés à la chaîne des intérêts matériels, jaloux de conserver vos places, vos honneurs, vos priviléges, vous entrez dans une sainte colère, lorsqu'on vous parle d'imposer votre richesse mobilière, vos rentes sur l'État, vos créances hypothécaires, vos créances chirographaires, vos chevaux, vos voitures de luxe, etc., etc., vous, trop souvent insensibles aux misères des classes pauvres, misères que vous ne connaissez pas, vous trouvez très-commode, sans doute, cet état de choses qui grève de lourds impôts le cultivateur, l'industriel, le petit commerçant et le travailleur.

C'est avec un sentiment de tristesse et de douleur profonde que nous avons vu la rentrée à la Chambre législative d'une partie de ces mêmes hommes qui, envoyés pour consolider les fondements d'une République honnête et modérée, osent, sans rougeur au front, se targuer aujourd'hui des qualifications ridicules et surannées de bonapartistes, de légitimistes, d'orléanistes, de ces hommes qui se disaient républicains, et qui ne sont que des caméléons et des tartufes politiques, de ces hommes qui, dépourvus de sentiments généreux et chrétiens, se sont toujours opposés aux concessions libérales, aux dégrèvements matériels, dont le besoin se fait sentir d'une manière si sensible et si unanime au sein de la nation, de ces hommes à vues étroites, qui ne se sont distingués que par leur sordide égoïsme, en votant contre toutes les mesures qui avaient pour but l'amélioration du sort du prolétaire.

De l'autre côté, débordement d'idées, de systèmes et d'espérances, agitation stérile qui n'aboutit qu'à des tiraillements sans fin, à une fatale défiance, à la stagnation des affaires, et partant à la misère.

De la part des premiers, que nous pouvons, à juste titre, gratifier de l'épithète de bornes, oubli des droits les plus sacrés de l'humanité, aveuglement dangereux, obstination criminelle.

De la part des seconds, que nous nommons têtes volcaniques, théories funestes, prétentions inconstitutionnelles, manifestations coupables. Entre ces fanatiques de résistance, et ces fanatiques d'innovations, point de parti intermédiaire.

Pour nous, qui avons l'avantage, avantage qui n'est pas sans quelque prix à nos yeux, d'être repoussé des blancs bornes et des rouges utopistes, pour nous, qui osons nous qualifier du titre de républicain progressible et de démocrate réformateur, bien que ce titre sonne mal à quelques oreilles, et ne soit pas de nature à nous concilier les esprits de certaines personnes, nous ne cesserons, dussions-nous succomber à la tâche, de prêcher la réconciliation et d'indiquer, par tous les moyens en notre pouvoir, le terrain commun où ces deux partis extrêmes pourront se rapprocher, s'entendre, se serrer la main, s'unir et jeter les bases d'une réconciliation aussi sincère que durable, réconciliation à laquelle il faudra bien que l'on arrive un jour, à moins que l'on ne soit décidé à voir notre belle patrie retomber dans les plus grossières ténèbres, dans la plus sauvage barbarie, et ne former peut-être qu'un monceau de ruines.

Nous dirons également à ces hommes qui veulent devancer l'heure de Dieu et faire violence à l'opinion publique : Que voulez-vous donc? Exigez-vous ce que ni le suffrage universel, ni la Constitution ne sont point en mesure de vous concéder pour le moment?

Pour ces hommes, l'utilité pratique, conseillée par une sage et froide raison, n'est rien à leurs yeux; ils professent un souverain mépris pour ces prosaïques moyens d'union et de concorde; c'est ainsi qu'ils entendent la fraternité; il leur faut à eux des théâtres plus grandioses, et loin d'être des réformateurs et des amis du progrès, ils ne sont dans la réalité que de ridicules dramaturges et de misérables comédiens, ils ne veulent pas sincèrement le succès de la révolution de Février, ni la consolidation de la République; ils veulent parodier les hommes de la Terreur, et perdre notre révolution comme leurs devanciers ont perdu celle de 91.

Ces hommes viennent vous dire avec un sang-froid imperturbable que, la République est au-dessus des majorités, et ils ne craignent pas d'ébranler ainsi cette colonne sur laquelle repose la puissance légale du pays, puissance sacrée, inviolable et légitime, s'il en fût jamais, puisqu'elle est le résultat du suffrage universel, que veulent-ils donc? Sinon substituer à l'empire régulier de cette majorité, qu'ils frappent d'ostracisme, la domination d'une minorité violente et ambitieuse.

Ainsi cette République qui, à son début, n'avait trouvé

personne pour ennemi, rencontra après quelque temps
d'existence peu de sympathie parmi certaines classes
de la société qui considéraient leur misère, leurs maux,
leurs souffrances, leur gêne, leur ruine, comme la conséquence de cette nouvelle forme gouvernementale.

Cependant, il existait d'autres ennemis de l'ordre, de
la paix publique, c'étaient ces ambitieux, ces tyranneaux,
ces émeutiers qui, n'ayant pas même l'intelligence de la
République, la tueraient, si, un jour, ils arrivaient au
pouvoir; révolutionnaires par nature, la Monarchie
absolue, la Monarchie tempérée, la République, le suffrage universel et le suffrage limité, tout cela n'est point
l'objet de leurs préoccupations, ni de leurs soucis; ce
qu'il leur faut, ce qui les charme, ce qui obtient leur
vive sympathie, ce qui excite leurs frénétiques applau-
dissements, ce qui fait éclater leur infernale allégresse,
c'est la haine, c'est la désunion entre les différentes
classes de la société, c'est le désordre dans les esprits,
c'est la fièvre dans les cœurs, c'est l'émeute et l'anarchie
dans les rues.

Voilà leur sphère propre, voilà leur élément normal,
voilà leur vie, voilà leur besoin, voilà leur bonheur; ce
qui leur déplaît, ce qui produit en eux le paroxysme de
la fureur, c'est la paix et la tranquillité, parce que
la paix et la tranquillité, c'est leur mort, parce que la
paix et la tranquillité les réduisent à leur plus simple
expression, parce que la paix et la tranquillité les font
rentrer au néant.

Lorsque la Providence voudra mettre un terme aux

maux qui pèsent sur la France et sur l'Europe, elle vous brisera dans sa colère comme un instrument devenu inutile.

Oui, la réaction existe, cela n'est malheureusement que trop vrai ; mais n'est-ce pas vous, artisans perpétuels de révolutions, professeurs émérites de barricades, orateurs de carrefours, affiliés de clubs anarchiques et de sociétés secrètes, émeutiers incorrigibles, n'est-ce pas vous, socialistes anti-sociaux, démagogues de toutes les couleurs, qui avez contribué à enfanter cette réaction fatale à la liberté, cette réaction qui a anéanti le droit de réunion, mutilé, scindé, altéré, vicié dans son essence le suffrage universel, bâillonné la presse, et qui sape sourdement les fondements de nos libertés les plus chères ; n'est-ce pas vous qui avez rendu la République antipathique à tant d'hommes qui ne demandaient pas mieux que de s'attacher à cette forme de gouvernement, comme à une planche de salut après le naufrage ? vous, hommes de la liberté et du progrès, de l'émancipation des esprits et des consciences, vous ne seriez pas deux jours au pouvoir, que déjà vous fabriqueriez des chaînes pour nous asservir et nous garrotter. Non, la liberté n'a pas de plus mortel ennemi que la violence, d'adversaire plus dangereux que l'anarchie ; sous une République qui fonctionne suivant les vœux de la majorité du peuple, la violence est un crime de lèse-nation.

Pour se maintenir, le gouvernement de la République, plus qu'aucun autre, a besoin du concours de toutes les classes de la société ; si l'immense majorité de la nation ne l'adopte pas avec amour , avec dévouement, il ne prendra jamais racine dans le pays ; pareil à cet arbre exotique qui, sur son sol natal, était destiné à porter de bons fruits et à protéger de ses rameaux touffus le voyageur contre les ardeurs du soleil, transporté sur une terre étrangère, dont le climat lui est mortel, il s'étiole, il languit, il meurt.

La paix, l'union, la fraternité entre les aristocrates et les démocrates, entre les propriétaires et les prolétaires, entre les bourgeois et les artisans, la paix intérieure, la paix sociale, voilà le plus pressant besoin de notre patrie, c'est le vœu que doivent former tous les cœurs vraiment français, c'est là le cri de salut qui doit sortir de toutes les poitrines.

La République, que nous considérons comme le seul mode de gouvernement possible en France aujourd'hui, la République, telle qu'on nous l'a faite, ou qu'on veut nous la faire, nous dotera-t-elle de cet immense bienfait ? nous le désirons, mais nous ne le croyons pas ; fasse le Ciel que nous soyons déçu dans nos prévisions !

Puisse le Dieu de Clovis, de saint Louis et de Jeanne d'Arc, qui a sauvé nos pères de la barbarie, jeter un regard propice sur notre vieille Europe, et en particulier sur notre belle patrie, et nous tendre une main protectrice dans cet immense travail de transformation sociale qui s'opère au sein des sociétés modernes.

———

Nous croyons que la centralisation a beaucoup contribué à enfanter le socialisme , c'est pourquoi nous

devons faire tous nos efforts pour détruire cette centralisation, en signalant une partie de ses inconvénients.

Veut-on connaître les détours du labyrinthe administratif que suit une affaire, sous le régime de la centralisation parisienne et de son école paperassière? En voici
la note exacte, que nous empruntons à un journal de
province.

Pour la moindre petite affaire, voici la marche qu'il
faut suivre.

Par exemple, on veut reconstruire un édifice qui
tombe en ruines.

1. Le maire demande au sous-préfet l'autorisation
     de réunir le conseil municipal.
2. Le sous-préfet accorde.
3. Convocation du conseil.
4. Le maire expose ses vues, le conseil nomme une
     commission.
5. Réunion de la commission, débats, élection d'un
     rapporteur.
6. Nouvelle convocation du conseil municipal.
7. Lecture du rapport. Le conseil fait son programme.
8. Lettre du maire à l'architecte.
9. L'architecte, après une longue étude, présente son
     avant-projet.
10. Convocation du conseil municipal.
11. Délibérations sur l'avant-projet. Modifications pro-
     posées.
12. Renvoi à l'architecte.
13. Celui-ci renvoie l'avant-projet rectifié.

14. Convocation du conseil.

15. Décision du conseil, l'avant-projet est approuvé et devient définitif.

16. Envoi de l'approbation à l'architecte.

17. Rédaction du devis.

18. Envoi du devis au maire.

19. Convocation du conseil.

20. Approbation du devis par le conseil.

21. Délibération du conseil pour demande de crédit à ouvrir, avec l'appui de toutes les pièces qui établissent que la ville est en mesure de faire face **aux dépenses projetées.**

22. Envoi de la demande de crédit et du devis au sous-préfet.

23. Envoi du dossier au préfet.

24. Sectionnement du dossier. Envoi au bureau des finances de la demande de crédit, au bureau des travaux publics du devis.

25. Envoi de la demande de crédit au ministre.

26. Avis du ministre, après un long séjour dans les bureaux du ministère.

27. Soumission de l'avis du ministre au Président de la République.

28. Décision du Président de la République.

29. Retour au ministre.

30. Retour au préfet.

31. Retour au sous-préfet.

32. Retour au maire.

33. Envoi du devis au ministre.

34. Envoi du chef de division aux bureaux.

35. Des bureaux à l'expéditionnaire.

36,37. Du ministère à la commission des bâtiments civils.

38. Classement du dossier, il attendra son tour.

39. Réunion du conseil, le dossier est renvoyé à un rapporteur.

40. Travail du rapporteur.

41. Lecture du rapport, modifications apportées au projet.

42. Envoi de la commission au ministre.

43. Du ministre au préfet.

44. Du préfet au sous-préfet.

45. Du sous-préfet au maire.

46. Convocation du conseil municipal.

47. Le conseil approuve les modifications.

48. Renvoi à l'architecte.

49. Nouveau travail de l'architecte.

50. Envoi du travail de l'architecte au maire. Le projet rectifié demande une augmentation de crédit.

De 51 à 62, comme des numéros 21 à 32.

De 63 à 69, comme des numéros 33 à 59.

70. La commission des bâtiments civils approuve.

71, 72, 73, 74. Renvoi au ministre, au préfet, au sous-préfet, au maire.

75. Enregistrement du devis.

76. Affiches pour l'adjudication.

77. Adjudication.

78. Inscription au répertoire.

79. Envoi au sous-préfet du procès-verbal d'adjudication.

80. Envoi du sous-préfet au préfet.

81. Du préfet au ministre.

82. Approbation.

83, 84, 85. Retour du ministre au préfet, au sous-préfet, au maire.

86. Avis du maire à l'architecte.

87. Avis du maire à l'adjudicataire.

88. Mention de l'approbation au répertoire.

89. Avis au receveur de l'enregistrement.

90. Enregistrement du procès-verbal.

91. Retour au maire.

92. Exécution du procès-verbal et de l'approbation du devis. Les travaux commencent. Des certificats à compte sont délivrés. Tout est fini sans doute avec la centralisation? Pas encore. Le travail est terminé, l'architecte procède à la réception et délivre un certificat.

93. Envoi du certificat au sous-préfet.

94. Du sous-préfet au préfet.

95. Du préfet au ministre.

96. Approbation ministérielle.

97, 98, 99. Retour des pièces par la filière ordinaire.

100. Ordonnancement.

CHAPITRE X.

—

EXPÉDITION ROMAINE. — INDÉPENDANCE DU PAPE. — LE CATHOLICISME N'EST PAS MORT ET NE MOURRA JAMAIS. — LES MOYENS LES PLUS PROPRES, AUX YEUX DE LA PRUDENCE HUMAINE, A CONSOLIDER LES EMPIRES, SONT SOUVENT LA CAUSE DE LEUR CHUTE. — LE CHRÉTIEN ESPÈRE EN DIEU.

» La France, dans sa Constitution, article 5, avait solennellement proclamé les principes suivants :

La République française respecte les nationalités étrangères, comme elle entend faire respecter la sienne, n'entreprend aucune guerre dans des vues de conquête, et n'emploie jamais sa force contre la liberté d'aucun peuple. » Et cependant elle a dépensé son sang et son or, en portant ses armes contre une République étrangère ! Si nous improuvons cette expédition qui, une fois de plus, a donné au monde entier le beau spectacle d'une armée française qui, par sa discipline, son intrépidité, sa valeur, n'avait point dégénéré des glorieuses phalanges de la République, du Consulat et de l'Empire, si nous improuvons cette expédition qui a fait verser des larmes amères à un trop grand nombre de familles, et qui coûte tant de millions à notre pays, c'est que, dans notre pensée, elle n'a rendu que des services illusoires à la chrétienté, à la France, à l'Italie et au Saint-Siège, auquel elle a suscité de graves embarras.

Catholique, enfant soumis de l'Eglise, nous offrons au successeur de saint Pierre, au vicaire du Christ sur la terre, nos respects, nos hommages, notre amour, notre vie, mais nous ne croyons pas que l'indépendance de l'illustre Pontife Pipe IX, dont le nom à jamais vénéré rayonnera dans l'histoire d'un éclat immortel, nous ne croyons pas, disons-nous, que cette indépendance, non plus que celle de ses successeurs, soit rigoureusement liée à la possession des Etats pontificaux; eh! mon Dieu, l'Eglise qui, à juste titre, est appelée l'Eglise militante, a vécu, grandi, brillé dans les temps où les papes habitaient les catacombes de Rome, pourquoi ne vivrait-elle pas, ne grandirait-elle pas, ne brillerait-elle pas, si le Saint-Père habitait Portici, Munich, Vienne, Madrid, Versailles, Londres ou Washington?

Là, comme au Vatican, il n'en exercerait pas moins sa mystérieuse puissance, sur plus de 200 millions de catholiques répandus sur toute la surface du globe; là, comme dans les fers, dans l'exil où il sera plus grand que sur son trône, il n'en sera pas moins à leurs yeux l'auguste, le vénérable représentant de Jésus-Christ sur la terre; là par sa faiblesse, il sera plus fort que les armées les plus nombreuses et les plus formidables; là, il n'en sera pas moins le premier des souverains en dignité et en majesté sur la terre.

L'histoire nous apprend que l'absence de la tiare a toujours été le signal de la dépopulation de Rome, de sa décadence et de sa ruine; bientôt le peuple romain, reconnaissant ses torts envers son généreux bienfaiteur, se serait empressé de rappeler dans les murs de la ville éternelle ce grand pontife, qui vient de couronner sa tête d'une nouvelle auréole, celle du malheur.

Et que peuvent donc les efforts des hommes contre l'Eglise qui, avec ses dogmes immuables, ses consolations pour toutes les douleurs, pour toutes les souffrances, avec ses sentiments d'amour pour ses enfants, est semblable à ce rocher éternel qui se tient majestueusement debout au milieu de l'agitation des flots, lequel résistera, jusqu'à la consommation des siècles, aux orages des passions et des folies des hommes; n'a-t-elle donc pas pour garantie de sa durée cette infaillible parole : *Tu es Petrus, et super hanc petram, œdificabo Ecclesiam meam et portæ inferi non prœvalebunt adversùs eam.* Tu es Pierre, et sur cette pierre, j'édifierai mon Église, et les portes de l'enfer ne prévaudront pas contre elle.

Les combats ne sont-ils pas l'apanage de l'Eglise sur la terre? Le martyre n'est-il pas sa gloire, une joie éternelle, sa récompense? Les hommes sont-ils donc assez

forts pour lutter contre Dieu ? L'histoire n'est-elle pas
là encore pour nous apprendre que l'arme des persécu-
tions éclate toujours dans la main qui en a fait usage.

— Nous dirons aux ennemis de l'Eglise, eux qui, avec
leurs doctrines perverses et leurs systèmes impraticables, ont la ridicule prétention de régénérer le genre
humain :

Les Néron, les Domitien, les Arius, les Eutichèse, les
Nestorius, les Pélage, les Luther et les Calvin, ont été
vaincus, ces hommes qui avaient autant de haine,
d'astuce, d'habileté, de moyens de destruction que vous,
et plus de science et de génie que vous

Le monde païen aussi a été vaincu avec ses empe-
reurs, ses généraux, ses armées, ses philosophes, ses
écoles, ses prêtres, sa religion, ses trésors et ses bourreaux ; et vous, hommes irréligieux, qui publiez partout que le catholicisme se meurt, que le catholicisme
est mort, vous serez pareillement vaincus ; ignorez-vous
donc que cette pitoyable et odieuse assertion est aussi
ancienne que le christianisme ? Ne savez-vous donc pas
que vous n'êtes que les tristes échos et les ridicules
plagiaires des premiers ennemis de l'Eglise ?

Si le catholicisme n'est plus qu'un moribond, pourquoi donc ces luttes quotidiennes, incessantes ? Pourquoi
cette guerre tantôt sourde, tantôt patente, toujours per-
fide et acharnée contre lui ? Cette antipathie, ces fureurs, cette lutte, cette guerre, ces calomnies, ces per-
sécutions, ne sont-elles pas au contraire une preuve
péremptoire de sa force, de sa vigueur et de sa marche

ascensionnelle? A-t-on besoin de faire des efforts pour renverser un vieillard décrépit, ou triompher d'un cadavre? non, le catholicisme n'est pas mort; immortel comme son auteur, il ne mourra jamais, soyez-en bien convaincus, il assistera encore à vos funérailles, et pour toute vengeance, il versera des larmes et des prières sur votre tombe.

Nous connaissons la génération actuelle, et nous savons l'apprécier à sa juste valeur; la régénération de la société, cette tâche si grande, si belle, si sainte, ne pourra, humainement parlant, être son œuvre. Cependant comme le Ciel, pour l'accomplissement de ses desseins toujours impénétrables, se sert souvent, non seulement de ses amis, mais encore de ses ennemis, nous croyons que la France, cette terre sur laquelle Dieu a daigné si souvent abaisser ses regards de miséricorde, est encore appelée à prendre l'initiative dans cette immense mission, dans ce sublime apostolat.

La décadence de notre pays sous bien des rapports est incontestable, il est vrai; mais tous ces grands événements dont nous sommes témoins depuis plusieurs années, nous démontrent jusqu'à l'évidence que, comme missionnaire de la Providence, notre patrie n'a point dégénéré.

Dieu se sert de toutes sortes de moyens pour punir les empires : le 24 février 1848, le glas funèbre de la monarchie sonnait en France, le peuple vainqueur avait frappé le principe dynastique d'un anathème éternel, *Digitus Dei est hic,* — *Oui, le doigt de Dieu était là,*

car les gouvernements périssent par l'opiniâtreté dans
leurs systèmes erronés, beaucoup plus que par le nombre et la force de leurs ennemis; c'est quelquefois au
moment où ils paraissent à nos yeux les plus fermes, les
plus solides sur leurs fondements, que nous les voyons
s'écrouler avec fracas, et ce sont souvent ces mêmes
mains qui devaient les consolider, qui les ébranlent et
qui les renversent; le 24 février est là, dans les annales
de l'histoire, pour justifier pleinement cette allégation.
Ce fut cette confiance aveugle, inspirée par une fatale
majorité parlementaire, qui brisa le trône de Juillet.
Mettre sous les yeux de nos lecteurs le tableau fidèle des
larmes, du sang, des ruines, du deuil, de la désolation,
de la misère répandus dans les familles, pendant ces
temps de fièvre et de révolution, depuis trois années, de
Paris à Lemberg, de Palerme à Berlin, serait une tâche
au-dessus de nos forces.

N'avons-nous pas vu dans tous leurs sauvages et hideux détails l'infâme assassinat du général de Bréa et
celui du capitaine Mangin, son aide-de-camp, à Paris,
ceux du ministre Rossi et de Monsignor Palma, secrétaire
du Pape à Rome, celui du comte de Latour à Vienne, celui du prince Lichnowski à Francfort, celui du comte
de Lemberg à Pesth?

Au moment où une nouvelle société est en travail
pour se régénérer et se constituer, au moment où les
problèmes les plus redoutables de la vie sociale demandent une solution immédiate, au moment où les notions
du juste et de l'injuste sont confondues, au moment où

toutes les autorités, tous les droits, tous les principes sont mis en doute et contestés, au moment où l'on met en question ce qui jusqu'à présent avait été considéré comme naturel, sacré, imprescriptible, au moment où l'on fait du crime une vertu et de la vertu un crime, Dieu, dans sa sagesse infinie, emploie quelquefois, pour parvenir à ses fins, des mesures que n'adopterait point la prudence humaine, il fait usage de l'éloquente voix de l'émeute, pour ranimer et raviver la foi éteinte dans les cœurs.

Dans de telles circonstances, on sent son courage faiblir, on est tenté de douter de tout, de soi-même, et des autres, le chrétien ne voit autour de lui sur la terre, que crimes, bassesses, ténèbres, confusions, il lève ses regards vers le ciel et il espère en Dieu, car il sait que le triomphe du mal n'est qu'éphémère et qu'il ne sera jamais définitif; il sait que les événements n'arrivent que d'après la volonté du souverain Maître, et que les hommes, qui sont ses enfants, sont l'objet de sa sollicitude paternelle; il sait que la Providence préside avec sagesse au gouvernement du monde entier, éclairé par les lumières de la foi, il est rassuré contre les perplexités de son esprit et les afflictions de son cœur, il a espéré hier, il espère aujourd'hui, il espérera demain, il espérera toujours, dans les temps mêmes où l'espérance semble être une folie, car Dieu se plaît à manifester son amour et sa puissance où l'homme a confessé ses erreurs et sa faiblesse.

Le disciple du Christ possède encore d'autres motifs

d'espérance, car il jaillira infailliblement quelques étin-
celles de vérité de cette violente commotion sociale
qui a réveillé les âmes de leur profond engourdisse-
ment.

Epouvantés par les hideuses et immondes théories des
socialistes, désirant de toute l'ardeur de leurs vœux le
repos et la paix, et ne rencontrant que troubles et in-
surrections, appelant la lumière et ne trouvant que les
ténèbres, n'ayant que la triste alternative du despotisme
qu'elles craignent et de l'anarchie qu'elles redoutent,
les nations tourneront instinctivement leurs regards vers
le christianisme, comme vers l'unique port du salut.

Aujourd'hui, ce besoin se fait déjà sentir impérieuse-
ment, et lorsque la trombe révolutionnaire sera passée,
nous pourrons acquérir la certitude que les croyances
religieuses ont fait de grands progrès, porté une clarté
salutaire dans les esprits, détruit bien des préjugés, favorisé la civilisation et l'émancipation des peuples.

Passagers de la vie, nous voguons sur un océan semé
de récifs dangereux; la tempête gronde sur nos têtes,
autour de nous mugissent les vagues furieuses et mena-
çantes; atteindrons-nous le port?... nous l'ignorons;
poursuivons, poursuivons néanmoins notre course : le
Ciel, en qui nous avons mis notre confiance, veille sur la
France et sur ses enfants.

TABLE DES SOMMAIRES.

CHAPITRE IV.

CHAPITRE V.

CHAPITRE VI.

CHAPITRE VII.

CHAPITRE VIII.

CHAPITRE IX.

CHAPITRE X.

FIN DE LA TABLE DES SOMMAIRES.